Martin Stewen

Zwischen Kollar und Krawatte

Klerikalismus und (k)ein Ende?

Martin Stewen

Zwischen Kollar und Krawatte

Klerikalismus und (k)ein Ende?

echter

Bibliografische Information der Deutschen Nationalbibliothek
Die Deutsche Nationalbibliothek verzeichnet diese Publikation
in der Deutschen Nationalbibliografie; detaillierte bibliografische
Daten sind im Internet über ‹http://dnb.d-nb.de› abrufbar.

1. Auflage 2020
© 2020 Echter Verlag GmbH, Würzburg
www.echter.de

Umschlag: wunderlichundweigand.de (Foto: Shutterstock)
Satz: Crossmediabureau
Druck und Bindung: Pustet, Regensburg

ISBN
978-3-429-05479-3
978-3-429-05096-2 (PDF)
978-3-429-06488-4 (ePub)

Inhalt

Vorwort

Spätestens als im Jahr 2018 die Missbrauchsskandale im US-Bundesstaat Pennsylvania öffentlich gemacht wurden, erreichte die Diskussion dazu auch den hinterletzten Winkel kirchlichen Lebens. Jede und jeder hatte eine Meinung, was jetzt passieren müsste. Papst Franziskus ist nicht zu beneiden – vor allem auch, wenn ihm Gegner wie der ehemalige Nuntius in Washington, Carlo Maria Viganò, mit Blick auf die Taten des amerikanischen Erzbischofs Theodore McCarrick deutliche Vorwürfe machten. Inmitten all dieser Auseinandersetzungen schrieb der deutsche „Vater aller Missbrauchsenthüller", der Jesuiten-Pater Klaus Mertes, wie gewohnt analytisch brillant und ohne Umschweife auf den Punkt gebracht:

> Inzwischen zerfleischt sich die Hierarchie untereinander vor laufenden Kameras. Das ist ein Hinweis darauf, dass die Aufklärung vorankommt. Denn auch dies gehört zu allen Aufklärungsprozessen von Machtmissbrauch: Aufklärung spaltet zunächst einmal. Die Hierarchie muss nun durch diese Spaltung hindurchgehen, um die tieferen Gründe für die Einheit überhaupt erst (wieder) zu finden.[1]

Das tut ohne Zweifel weh. Aber wie ist das denn nun mit dem Marsch durch die Spaltung? Macht die Kirche die Augen zu und rennt da mal fix durch, weil man sich des Problems, so schnell es geht, entledigen will? Oder wird geschaut, was sich rechts und links am Wege so tut? Wird wirklich nach Lösungen gesucht, die Zukunft haben?

Als im September 2018 die von der Deutschen Bischofskonferenz in Auftrag gegebene Studie zu sexuellem Missbrauch durch Kleriker der Öffentlichkeit vorgestellt wurde, rollte der nächste Donner durch Deutschland: In knapp sieben Nachkriegsjahrzehnten, so ein Befund der Studie, haben sich 1.670 Kleriker an 3.677 Minderjährigen vergangen. Dem Vorsitzenden der Deutschen Bischofskonferenz, Erzbischof Reinhard Kardinal Marx, sowie dem DBK-Missbrauchsbeauftragten, Bischof Stefan Ackermann, raubte es bei der Vorstellung der Studie fast den Atem. Zu Recht. Nach dem – mancherorts aber doch eher verhaltenen – Confiteor kam das Wundenlecken: Was soll man angesichts der Katastrophe nun tun?

Auf der Ebene der Weltkirche hat Papst Franziskus durchgegriffen und sogar fehlbare Bischöfe wie den früheren chilenischen Erzbischof Francisco José Cox Huneeus und seinen Mitbruder, den ehemaligen Bischof Marco Antonio Ordenes Fernández, aus dem Klerikerstand entlassen. Mehr solcher Schritte dürfen noch zu erwarten sein. Auf der Ebene der Bistümer läuft das Ringen zaghafter. Auch einige Ordensgemeinschaften tun sich noch schwer mit der Aufklärung. Was soll man tun, was ist zukunftsträchtig, was ist angemessen? Viel war zu hören: So forderte der DBK-Missbrauchsbeauftragte Ackermann eine „Kultur der Achtsamkeit" – ein Vokabular, das mir seit meinen Studienzeiten in den 1990er Jahren noch geläufig ist. Bei der Jugendsynode im Oktober 2018 wollte Kardinal Marx den Eindruck überwinden, „dass Kirche letztlich Männerkirche ist"[2]. Ach?

Und infolge von Papst Franziskus' Feststellung, Klerikalismus sei die Wurzel allen Übels, wollten plötzlich alle Kirchenoberen auch noch Klerikalismus abschaffen. Alles wird jetzt anders, offener, sensibler, partizipativer, völlig unklerikalistisch. Tönt gut und nett. Und hoffnungsvoll. Es wird einem wohlig ums Herz: Jetzt wird alles anders. – Aber dann ist da auch noch der kleine Teufel auf der anderen Schulter. Der die hässlichen Fragen stellt: Wie soll all das denn bitte gehen? Und noch viel mehr: Wer soll all das denn machen? Oder besser: Wer muss das machen? Und: Wer will es am Ende wirklich machen? Angesichts all der Bischöfe, die plötzlich Klerikalismus abschaffen wollen, kam mir ein Facebook-Posting in den Sinn, das diese Hirten der Kirche verglich mit „Fröschen, die ihren eigenen Teich trockenzulegen" beabsichtigen.

Da will also jemand ernsthaft Klerikalismus in der Kirche abschaffen? Eine Kirche voller Kleriker ohne Klerikalismus? Keine hochwürdigen Herren mehr? Das Ende der Kaste der Besonderen? Keine Männerriege mehr, die im Dunst des Unnahbaren, Unberührbaren, Unfehlbaren ihr so ganz eigenes Leben lebt, von dem unsere Mütter und Großmütter einst sagten: „Das ist der Herr Pfarrer, der macht das alles schon richtig." – Schön wäre es ja, gelänge dieses Vorhaben: eine Kirche, in der real wird, was Paulus seinen Gemeindemitgliedern in Galatien in die Taufurkunde geschrieben hat:

Es gibt nicht mehr Juden und Griechen, nicht Sklaven und Freie, nicht Mann und Frau; denn ihr alle seid eins in Christus Jesus. Wenn ihr aber zu Christus gehört, dann seid ihr […] Erben kraft der Verheißung (Gal 3,28f).

Immer mehr rumorte es in meinem Hirn und Herzen. Die mediale Weichspülerei, die uns wissen ließ, dass bald die ganze katholische Kirche ihr Antlitz erneuern wird, ließ meine Nackenhaare zu Berge stehen. Dieser Blenderei wollte ich nicht trauen. Und da auch ich als Vertreter dieser Kirche nach ihr gefragt werde und für sie hinstehen muss – vielmehr: für sie hinstehen will –, wollte ich hier nicht mehr folgen. Wer diese Kirche effektiv verändern will, der muss sich doch ihren Probleme stellen – offen, konstruktiv und realistisch. Realistisch. Nicht populistisch mit Dutzenden von Konjunktiven. Natürlich braucht es den Traum, es braucht die Träumer. Aber irgendwann muss man sich auch wieder von den Fakten einholen und erden lassen. Und dazu gehört auch, Unveränderliches zu benennen, anzunehmen und den Umgang damit zu gestalten. Und zuzugeben, dass diese Kirche nun mal ihre „Flecken und Falten" (Epheser 5,27) hat, mit denen wir bis zu einem bestimmten Grad leben müssen. Natürlich muss man wohl auch immer wieder fragen, ob alles Veränderungspotential tatsächlich schon ausgeschöpft ist.

Meine Gedanken fasste ich in Worte, die am 8. Oktober 2018 als Artikel unter dem Titel „Klerikalismus: Wie das Amen in der Kirche"[3] im Theologischen Online Feuilleton „feinschwarz.net" erschienen. Infolgedessen erhielt ich vom Echter Verlag Würzburg die Einladung, meine Reflexionen ein wenig ausführlicher zu gestalten. Mit dieser Schrift nehme ich die Einladung gerne an. Mein Dank gilt Herrn Heribert Handwerk vom Echter Verlag für seinen Anstoß.

Dieses Buch ist keine systematische Darstellung eines theologischen Problems und möglicher Lösungen. Etliche theologische Gedankengänge habe ich nur allzu skizzenhaft darstellen können, als dass die Ausführungen einer tiefgehenden theologischen Diskussion genügen würden. Dieses Buch ist vielmehr ein Strauß von Beobachtungen und Überlegungen zum Thema ‚Klerikalismus'. Es soll der Leserschaft aufzeigen, warum eine römisch-katholische Kirche ohne Klerikalismus wohl kaum existieren kann. Und es fehlen dazu sicher auch noch Erwähnungen – ich erhebe keinen Anspruch auf Vollständigkeit der Gedanken zum Thema.

Beim Lesen wird man hier und da vielleicht den Drang zum Widerspruch verspüren. – Bitte! Darum geht es. Ich wäre froh und dankbar, wenn am Ende des Buches mir der eine Leser oder die andere Leserin mit einem Paket voller Gegenargumente aufzeigen könnte, wie falsch ich liege. Und dass alles ganz anders ist. Dann freue ich mich auf eine argumentativ fundierte Diskussion. Ein bestimmtes Bauchgefühl reicht nicht mehr.

Ich beginne meine Ausführungen mit einigen Beobachtungen aus der Weltkirche, Beobachtungen, die für mich in einem starken Widerspruch zum Anspruch, Klerikalismus abschaffen zu können, stehen. Das zweite Kapitel erzählt ein wenig aus meinem persönlichen Erleben. Ich meine, das Glück zu haben, in einem Umfeld mit einer Struktur tätig zu sein, in der Klerikalismus keine großen Chancen hat. Dass das so ist, hat Gründe, die ich aufzuzeigen versuche. Damit male ich kein Bild eines antiklerikalistischen Paradieses, aber ich zeige ein paar gesellschaftliche wie auch staatskirchenrechtliche Grundzüge dessen auf, worauf es ankommen könnte. Im letzten Schritt erlaube ich mir das Hoffen wider alle Hoffnungslosigkeit: Natürlich kann man was gegen Klerikalismus tun, aber konkrete Lösungen können nur tief einschneidend sein oder sie sind nicht mehr als Make-up. Man kann so einen Stress umgehen und einfach sagen, dass alles gar nicht so schlimm ist, und schließlich dick Schminke auftragen. Ich bin mir nicht sicher, ob das nicht tatsächlich die derzeitige Lösungsstrategie der Wahl ist.

Die verwendeten Bezüge in diesem Buch stammen mehrheitlich aus dem Internet. Im Internet überschlagen sich die Kommentierungen der Ereignisse – bekanntlich gehen Diskussionen dort wesentlich schneller vonstatten als auf bedrucktem Papier. Das Buch versucht auch, den gegenwärtigen Stand der Ereignisse zu berücksichtigen. Gemäß seiner Natur ist es schwerfälliger in seiner Entstehung als die digitale Diskussion der Thematik. Auch können die Quellen einer gewissen Volatilität nicht entbehren – das bringt das Internet so mit sich. – Somit repräsentiert dieses Buch einen gewissen Stand der Diskussion, der sich vielleicht bald schon wieder ändert. Das ist wohl bei jeder Veröffentlichung so, im vorliegenden Fall mag es vielleicht aber besonders schnell gehen. Wir werden das sehen.

Ich danke meinem Vater Dr. Rainer Stewen ganz herzlich für seine Unterstützung bei der Korrektur und kritischen Durchsicht des Buchmanuskripts.

1. Klerikalismus – Wie das Amen in der Kirche

Die Kirchenführer sind häufig Narzissten gewesen. Sie waren geschmeichelt und in schlechter Weise freudig erregt über ihre Höflinge. Der Hof ist die Lepra des Pontifikats. […]

Der Klerikalismus dürfte mit dem Christentum nichts zu tun haben.[4]

Im Interview mit Eugenio Scalfari, dem atheistischen Herausgeber der linken italienischen Zeitung „La Repubblica", findet Papst Franziskus deutliche Worte. Der kräftige Ausdruck, den der Papst verwendet, erinnert an die Geschichte von der Heilung des Aussätzigen. Aussatz war ein großes Dilemma in der antiken Gesellschaft und hatte bekanntlich unmittelbaren sozialen und wirtschaftlichen Ruin zufolge. In genau diesen Kontext stellt nun der Papst den päpstlichen Hof. Wenn der Papst meint, der Hof sei die Lepra des Pontifikates, dann ist das nicht nur die Situationsbeschreibung eines Untergangs, sondern auch die Analyse einer historischen Entwicklung, eines Weges. Und ein tonnenschwerer Vorwurf gegen seine Vorgänger wie Papst Benedikt XVI. oder Papst Johannes Paul II. Lepra hat einen Infektionsherd, eine Inkubationszeit und ein Ausbreitungsgebiet, wogegen man sich schützen kann oder nicht. Höfischer Klerikalismus auch.

Die Situation des Klerikalismus, die heute in der Kirche vorherrscht, ist nicht vom Himmel gefallen. Klerikalismus hat sich eingenistet und hat sich ausgebreitet. Und weil ihn niemand bekämpfen wollte, ist diese Ausbreitung sehr nachhaltig vorangeschritten. Es ist wie bei der Lepra: Die Patienten konnten sich nicht gegenseitig helfen und Ärzte trauten sich nicht ins Infektionsgebiet oder waren relativ bald ebenfalls infiziert. Schon lange ist die narzisstische Haltung von Kirchenführern kein Problem mehr, das es allein im Vatikan zu lösen gilt. Klerikalismus ist eine systemimmanente Erscheinung des katholischen Kirchensystems. Und genau jene, die von diesem ‚Aussatz' befallen sein könnten, wollen und müssen ihn heilen. – Wie soll das gehen?

1.

In Deutschland mag man sich noch an die Affäre rund um den ehemaligen Limburger Bischof Franz-Peter Tebartz-van Elst erinnern. Dieser hatte 2012 zum einen öffentlich einen First-Class-Flug zur Visitation eines Dritt-Welt-Projektes im indischen Bangalore geleugnet und zum anderen seine Residenz in Limburg mit dem Mehrfachen eines veranschlagten Betrages luxuriös ausgebaut. Die Liste der Unanständigkeiten in dieser Affäre war lang. Wichtig und bemerkenswert bleibt aber, dass dem Bischof keinerlei juristisches Fehlverhalten bescheinigt wurde. Und dennoch blieb am Ende nur sein Rücktritt. Bleibt die Frage: Wo war der Skandal? – Wenn man sich diese Affäre genauer ansieht, dann sind es nicht zuerst die Fakten, die so aufregen. An denen kann man sich wohl abarbeiten, aber das ist auch ein wenig heuchlerisch. Denn: Auch andere Bischöfe sind schon First Class geflogen und zur gleichen Zeit des Umbaus des Limburger Bischofshauses hat die Erzdiözese München und Freising ihr Ordinariat für 130 Millionen Euro renoviert, was nahezu ohne jegliche Nebengeräusche in der Öffentlichkeit stattgefunden hat. Magnus Lux vom bayrischen Zweig der Initiative „Wir sind Kirche" hat den Vergleich von München und Limburg kommentiert:

> Das ist ein gewaltiger Unterschied. Das eine ist ein Verwaltungsgebäude, das andere mehr oder weniger ein Privatgebäude.[5]

Was hat Bischof Tebartz-van Elst im Vergleich zu Erzbischof Marx so grundlegend falsch gemacht? Es ist sicher zum einen die Weise, mit der er sein Bischofsamt benutzt hat, um offensichtlich persönliche Vorteile zu erwirken. In einer angespannten Bistumssituation hat der Bischof sein Amt ausgeübt zum eigenen Nutzen. Dabei sind es eben nicht die Fakten selbst, die den Skandal kreiert haben, es sind die Verhältnisse, in denen es passiert ist. Dass ein Vertreter der Nachfolgegemeinschaft Jesu, dem persönliche Bereicherung völlig abging, in luxuriösen Verhältnissen zu den Armen fliegt, das stinkt. Dass der Nachfolger von Bischof Franz Kamphaus, dessen bischöflicher Wahlspruch ist: „den Armen das Evangelium verkünden", der das Bischofshaus zeitweilig einer eritreischen Flüchtlingsfamilie überließ und stattdessen in einem Apartment im Priesterseminar wohnte, nun als das absolute Gegenteil des über die Bistumsgrenzen hinaus beliebten Altbischofs auftrat, war bis ins Letzte fahrlässig. Es ging in der Affäre Tebartz-van Elst in keiner Weise um eine theologische Diskussion hinsichtlich des Bischofsamtes, es ging ausschließlich um ein – gelinde formuliert – situativ höchst unangebrachtes Verhalten eines prominenten Kirchenvertreters. Während der Limburger Altbischof zur Begeisterung des Kirchenvolkes pure Bescheidenheit lebt, tat sein Nachfolger das genaue Gegenteil. Das mangelnde Einfühlungsvermögen, das der fehlbare Bischof in einer angespannten Bistumssituation an den Tag gelegt hat, grenzt schon fast ans Groteske. Als von Seiten der römischen Bischofskongregation Kardinal Giovanni Lajolo die Situation in Limburg in Augenschein nahm, bemerkte er im Anschluss:

> In meinen Gesprächen konnte ich feststellen, dass die Spannungen latent schon über Jahrzehnte existieren und jetzt offen zutage treten.[6]

Statt Empathie und Hirtenverhalten hat Tebartz-van Elst in seiner Amtsführung genau jenen Narzissmus an den Tag gelegt, den Papst Franziskus im La-Repubblica-Interview wenige Tage nach der Visite Kardinal Lajolos in Limburg bemängelte. Hier liegt das Problem der Affäre Limburg, nicht in einem 40 Millionen Euro teuren Bischofspalais.

2.

Bezeichnend ist in diesem Zusammenhang, dass nicht überall der Aufschrei gegen den Limburger Bischof gleich groß war. Nicht jeder nahm das Verhalten des Kirchenoberen mit gleicher Empörung wahr. Viele scherte in keiner Weise, dass der Bischof die Spannungen im Bistum mit seinen Bauplänen und Reiseansinnen verstärkte. So hat etwa das „Forum deutscher Katholiken" mit gut 4000 Unterschriften das Pontifikat des umstrittenen Limburger Bischofs unterstützt. Da fragt man sich als Zuschauer nur verwundert: Was ist da los? Was finden diese Leute so unterstützungswürdig am Umgang des Bischofs mit der Wahrheit oder an seinem zweifelhaften Umgang mit Kirchensteuern und Stiftungsgeldern?

Wer so fragt, hat übersehen, dass Fakten eben nur einen Teil einer kirchlichen Skandal-Partitur darstellen. Da wäre eben immer auch noch die schon erwähnte Stimmung. Zur Genüge gab es immer wieder die Stimmen jener, die sich nachhaltig an der Aura des Klerikalen festbissen und gar nicht wieder loskamen. Die zugunsten einer „klerikalen Würde" jenseits alles Rationalen jedes Missverhalten und jegliches Unrecht übersahen, guthießen oder schönredeten. Selbst wenn diese „klerikale Würde" schon längst in Grund und Boden ruiniert war. Man mag solche Menschen nehmen und schütteln und ihnen zurufen: Mach die Augen auf und schau hin! Aber das nutzt nichts, nicht in Limburg, nirgends auf der Welt: Der Blick ist verstellt, getrübt. Alles Klerikale wird von Grund auf an sich bereits als jene Falten- und Fleckenlosigkeit angesehen, die die Kirche anstreben soll:

> So will er die Kirche herrlich vor sich hinstellen, ohne Flecken oder Falten oder andere Fehler; heilig soll sie sein und makellos (Epheser 5,27).

Der Klerus ist aber davon weit entfernt. Das sollte auch in der eigenen Reflexion von Klerikern immer wieder ins Bewusstsein kommen. Passiert das nicht, sind dem Klerikalismus Türen und Tore geöffnet. Aber auch Nichtgeweihte sollten sich dessen bewusst sein, wenn sie mit Klerikern zu tun haben. Doch das funktioniert oft nicht.

Und auch das bereitet einer anderen Art von Klerikalismus den Weg, jenem Klerikalismus der Laien, ohne den der Klerikalismus der Kleriker gar nicht überlebensfähig wäre.

3.

Schauen wir nun mal genauer hin und wenden wir uns der Frage zu, die sich vielleicht einfach aus dem Bauch heraus beantworten lässt, deren Antwort aber doch in einer so schwierigen Diskussion auf einem möglichst soliden Fundament stehen sollte: Was ist eigentlich Klerikalismus?

Wenn Pfarreiangehörigen der Priester nicht passt, weil er eine ungemütliche Entscheidung getroffen hat oder die Predigt merkwürdig war, heißt es oft: „Der ist aber konservativ – oder eben: klerikalistisch". Klerikalistische Kleriker sind halt einfach Kleriker, die ich nicht mag. Die mir mit ihrer Amtsführung querliegen. Und auf der anderen Seite findet man: Ein Kleriker, den ich mag, dem ich anhänge, der kann einfach nicht klerikalistisch sein. – So geht das nicht. Weder Klerophilie noch Klerophobie sollte unsere Beziehungen zu Klerikern ausmachen, sondern ein ganz normaler zwischenmenschlicher Umgang. Aber was ist dann Klerikalismus?

> Klerikalismus meint ein hierarchisch-autoritäres System, das auf Seiten des Priesters zu einer Haltung führen kann, nicht geweihte Personen in Interaktionen zu dominieren, weil er qua Amt und Weihe eine übergeordnete Position innehat.[7]

So klingt es in der Studie zum sexuellen Kindesmissbrauch, die von der Deutschen Bischofskonferenz 2018 in Auftrag gegeben wurde. Das mag ein wenig irritieren. Wenn wir von einem System sprechen, dann meint das eigentlich eine Gesamtheit von Elementen, die miteinander verbunden sind und deren Existenz einander bedingen. Soll heißen: Ein Kleriker kann gar nicht anders als klerikalistisch sein, weil andere Umstände ihn dazu drängen. Also: Nicht der Kleriker ist schuld, sondern das, was sein Verhalten bedingt. Wer will denn das glauben: der Kleriker als Produkt eines Systems? – Wer restaurativ Klerikalismus schützen will, argumentiert systemisch. Eine systemische Sichtweise verhindert nämlich letztendlich individuelle Verantwortung.

Die MHG-Studie befindet sich mit diesem Ansatz übrigens in prominentem Kontext. Am 11. April 2019 veröffentlichte die Website CNA.Deutsch unter dem Titel „Benedikt im Wortlaut: Die Kirche und der Skandal des sexuellen Missbrauchs" eine Stellungnahme des emeritierten Papstes Benedikt XVI. zum Treffen der Vorsitzenden der Bischofskonferenzen sowie anderer hochrangiger Verantwortlicher der Kirche zum Thema „Sexueller Kindesmissbrauch in der Kirche" in Rom im Februar 2019. Dieser reflektiert darin, wie es dazu kommen konnte, dass Priester ihre Rolle missbrauchen und sich an Kindern vergehen konnten. Benedikt XVI. schreibt über die Ursachen der Krise:

> Die Sache beginnt mit der vom Staat verordneten und getragenen Einführung der Kinder und der Jugend in das Wesen der Sexualität. […]
> Zu den Freiheiten, die die Revolution von 1968 erkämpfen wollte, gehörte auch diese völlige sexuelle Freiheit, die keine Normen mehr zuließ.[8]

Daneben konstatiert er einen Zusammenbruch der Moraltheologie, der schließlich, so der emeritierte Papst und einstige oberste Glaubenshüter, darin gipfelte, dass „hier das Wesen des Christentums selbst auf dem Spiel steht". Schließlich resümiert er:

> Wieso konnte Pädophilie ein solches Ausmaß erreichen? Im letzten liegt der Grund in der Abwesenheit Gottes. Auch wir Christen und Priester reden lieber nicht von Gott, weil diese Rede nicht praktisch zu sein scheint.[9]

Wer in den Ausführungen des emeritierten Papstes über die Situation des sexuellen Kindesmissbrauchs in der Kirche ein Wort zur Verantwortung der Täter sucht, der sucht vergebens. Kleriker sind zu Missbrauchstätern geworden, weil Gesellschaft und Theologie sie dazu haben werden lassen. Der Freiburger Fundamentaltheologe Magnus Striet wertet das Schreiben Benedikts als Blockade im Aufarbeitungsprozess:

> Die Missbrauchsproblematik wird die katholische Kirche noch lange beschäftigen, über missbrauchsbegünstigende theologische Denkfiguren ist noch viel zu wenig gearbeitet worden. Der Text von Benedikt XVI. bietet ein Lehrstück dafür, dass eine bestimmte Theologie die Probleme überhaupt nicht angemessen in den Blick bekommen kann. Die Gründe werden an die böse Welt oder an den Teufel externalisiert.[10]

Nein, niemand, der in der Kirche agiert, kann seine Verantwortung an ein System delegieren. Kindesmissbrauch ist ein Verbrechen, das ein Täter bewusst und vorsätzlich begangen hat. Auch klerikalistische Verhaltensweisen sind nicht das Ergebnis eines Kirchensystems. Vielmehr ist das Gegenteil doch der Fall: Das System Kirche mit seinem systemimmanenten Klerikalismus ist Produkt der Kleriker. Und vieler Nichtgeweihter – dazu später. Klerikalismus ist eine Verhaltensweise, zu der sich der Kleriker entschieden hat – er könnte auch anders. Wenn er sich nicht für eine klerikalistische Verhaltensweise entschieden hat, hat er sich zumindest nicht dagegen entschieden. Nicht das System macht doch den Menschen, sondern der Mensch kreiert das System. Es kann sicher eine Wechselwirkung nicht geleugnet werden. Wenn ich in einem System bin, in dem ich mich zu einer völlig anderen als der dominanten Verhaltensweise entscheide, kostet das Kraft. Es ist einfacher, sich so zu verhalten wie die Mehrheit. Das ist fraglos. Aber dennoch ist Klerikalismus eine Verhaltensweise, der zumindest keine Entscheidung dagegen vorausgegangen ist. Die systemische Definition von Klerikalismus führt am Ende in die Viktimisierungsfalle: Aufgrund des Systems können wir Ärmsten – die Priester – gar nicht anders als klerikalistisch sein. Der klerikalistische Kleriker als Opfer des Systems?

Noch einmal: Das kann doch nicht sein! Es ist gut und beruhigend, dass die Reaktionen auf das Schreiben Papst Benedikts massiv ausfielen. An vielerlei Stellen wurde dem emeritierten Oberhirten eine falsche Sicht vorgeworfen und damit deutlich gemacht, dass der Paradigmenwechsel eingeleitet ist. Nicht Systeme, nicht historische Umstände oder theologische Sichtweisen sind Verantwortungsträger in der Kirche. Vielmehr sind es die Menschen. Eine individuumszentrierte Sichtweise hat Einzug gehalten auch in den Spitzen der kirchlichen Hierarchie. Aber eben dort auch nur an einzelnen Stellen und das ist wiederum das Beunruhigende. Ein Papst allein wendet noch kein ganzes Kirchenschiff und an die Zeit nach diesem Papst will man lieber noch gar nicht denken. Der Paradigmenwechsel ist eingeleitet, aber noch lange nicht vollzogen. Es gibt keinen Anlass zu überschwänglichem Optimismus.

4.

Doch schauen wir zunächst einmal auf weitere Ansätze, wie man Klerikalismus beschreiben kann. Der Grazer Pastoraltheologe Rainer Bucher definiert Klerikalismus viel treffender als individuelle Verhaltensweise so:

> Klerikalismus wird üblicherweise als Grenzüberschreitung des Klerus in weltliche, vorwiegend politische Handlungsfelder definiert. Der Klerikalismus startet historisch in der Spätantike als kirchlicher Herrschaftsanspruch über die Gesellschaft, wurde [...] in der Neuzeit zu einem Führungsanspruch über das Leben der Laien, und wird heute [...] zu einer mehr oder weniger fatalen Identitätstechnik von Priestern.[11]

Der Kleriker ist der klerikalistische Akteur. Aber auch hier fällt eines auf: Die klerikalistische Bewegung geht gemäß Buchers Definition allein vom Priester aus. Der klerikalistische Priester ist es, der seines „Schusters Leisten" verlässt – oder vielmehr seinen Altarraum – und politisch oder gesellschaftlich oder in zwischenmenschlicher Beziehung in einer Weise aktiv wird, die dem nicht geweihten Volk Gottes die Freiheit nimmt. Der Priester ist es, der sich den Herrschaftsanspruch über das Leben der

Laien anmaßt. Und er ist es, der mittels einer klerikalistischen Verhaltensweise seine Identität in Abgrenzung zu Nichtgeweihten sichert.

All das stimmt ganz sicher. Aber nur zur Hälfte. Denn es braucht zum Erfolg eines solchen Verhaltens auch immer die – wie auch immer geartete – andere Seite, die diese Herrschaft anerkennt und legitimiert. Es braucht den sozialen Kontext, der sich dem Herrschaftsanspruch des Klerikers nicht entzieht. Wie eine Medaille zwei Seiten hat, braucht es diese zwei Komponenten, damit Klerikalismus funktioniert: den Kleriker, der sich klerikalistisch verhält, und den anderen Menschen, der dieses Verhalten toleriert und somit ermöglicht. Der Jesuit Klaus Mertes bringt es auf den Punkt:

> Klerikalismus kommt durch einen Prozess von innerkirchlichen Übertragungen und Gegenübertragungen zustande. Deswegen ist er mehr als ein Problem von einzelnen Personen, die zum Klerus gehören, sondern ein gesamtkirchliches Thema.[12]

Daher werde ich im Folgenden den Begriff ‚Klerikalismus‘ nicht nur auf konkretes Machtmissbrauchsverhalten von Klerikern anwenden, sondern in einer umfassenderen Bedeutung auf jegliches Gebaren, das zu diesem priesterlichen Fehlverhalten führen kann, also auch auf Verhaltensweisen von Nichtgeweihten, die Machtmissbrauchsverhalten von Priestern (und auch von anderen Kirchenvertretern) ermöglichen oder zumindest begünstigen.

Ein Gedanke zum Herrschaftsanspruch des Klerus, wie wir ihn in Buchers Definition finden, muss auch noch erwähnt werden: Wie ist das denn nun, wenn Priester sich außerhalb des Altarraumes positionieren und etwa in politischen Fragen einmischen? Das II. Vatikanum hat gesagt:

> Da jetzt die Möglichkeit gegeben ist, die meisten Menschen aus dem Elend der Unwissenheit zu befreien, ist es heute eine höchst zeitgemäße Pflicht, vor allem für die Christen, tatkräftig darauf hinzuarbeiten, dass in der Wirtschaft wie in der Politik, auf nationaler wie auf internationaler Ebene Grundentscheidungen getroffen werden, durch die das Recht aller auf menschliche und mitmenschliche Kultur auf der ganzen Welt anerkannt wird und zur Verwirklichung kommt.[13]

Das gilt doch auch für Kleriker. Natürlich muss man gut hinschauen, ob der Priester klerikale Autorität in die Waagschale einer politischen Meinungsbildung wirft oder einfach sein Menschenrecht auf politische Einmischung wahrnimmt. Wenn, wie Bucher konstatiert, Kleriker Dominanz über andere ausüben, ist das ein Missbrauch der Weihe. Das ist sicher so. Aber die Bewegung ins andere Extrem ist genauso möglich: Der Priester, der sich gänzlich in seinem Altarraum einkesselt, dem Evangelium jedwede soziale und politische Komponente abspricht und alles diesbezügliche Engagement ablehnt. Klar, diese Frage ist auch noch einmal unterschiedlich zu diskutieren, je nachdem, ob sich Kirche in einem demokratischen Kontext bewegt und dann nur eine Stimme unter vielen ist und gar keine Machtansprüche ausspielen kann oder ob sie sich gar als gesellschaftliche Minderheit mit einer Option für die Schwachen erhebt oder ob sie eh schon Teil einer politischen Landschaft ist und dort dann auch ganz eigene Interessen vertritt. – Oder anders: Lebt die Kirche (und ihre Vertreter) das Evangelium im Volk oder übt sie Macht aus? Wenn ein Priester oder Bischof sich mit der Autorität seines Amtes für Arme und Schwache einsetzt und sich vielleicht dabei sogar selbst gefährdet, wird man ihm kaum Klerikalismus vorwerfen können – egal, wie ‚konservativ' seine Theologie ist –, aber selbstverständlich mischt er sich politisch ein und verlässt den Altarraum. Mir kommen dazu Menschen wie der 2018 heiliggesprochene ehemalige Erzbischof von San Salvador, Oscar Arnulfo Romero, in den Sinn. Und in gleicher Weise hat Jesus es übrigens auch schon vorgelebt:

Als er aufstand, um vorzulesen, reichte man ihm die Buchrolle des Propheten Jesaja. Er öffnete sie und fand die Stelle, wo geschrieben steht: Der Geist des Herrn ruht auf mir; denn er hat mich gesalbt. Er hat mich gesandt, damit ich den Armen eine frohe Botschaft bringe; damit ich den Gefangenen die Entlassung verkünde und den Blinden das Augenlicht; damit ich die Zerschlagenen in Freiheit setze und ein Gnadenjahr des Herrn ausrufe. Dann schloss er die Buchrolle, gab sie dem Synagogendiener und setzte sich. Die Augen aller in der Synagoge waren auf ihn gerichtet. Da begann er, ihnen darzulegen: Heute hat sich das Schriftwort, das ihr eben gehört habt, erfüllt. Alle stimmten ihm zu; sie staunten über die Worte der Gnade, die aus seinem Mund hervorgingen, und sagten: Ist das nicht Josefs Sohn? (Lukas 4,16b–22).

Wenn sich hingegen der Klerus an irgendwelchen Fürstenhöfen oder sonst wo andient und seine von dort empfangene Macht in der Gesellschaft auslebt, ist das Klerikalismus. Auch eine Situation, wie sie etwa in Polen herrscht, wo die Kirche unter dem massiven Schutz des Staates gegen alle Kritiken steht und die Regierung für ihr Eintreten für die Kirche des heiligen Papstes mit kirchlicher Zustimmung belohnt wird, ist der perfekte Nährboden für Klerikalismus.[14] – Sicher: Eine angemessene Beurteilung der Situation bedarf eines intensiven Hinschauens. Es gibt keine herausragende Stellung in der Gesellschaft, die nicht im Sinne ihrer Bestimmung gut genutzt oder für eigene Interessen missbraucht werden kann.

5.

Schauen wir ein wenig auf Theologisches beim Thema ‚Klerikalismus‘. Papst Franziskus hat wiederholte Male deutlich gemacht, wie klerikalistisches Verhalten gegen die Lehre der Kirche verstößt und wie sehr er diese Verhaltensweise deswegen hasst. Hoch über den Wolken hat er bei der fliegenden Pressekonferenz auf dem Weg zurück von Fatima am 13. Mai 2017 unmissverständlich klargemacht:

> ‚Bloß kein Klerikalismus‘ und noch etwas: Das ist eine Pest in der Kirche.[15]

In seinem Schreiben an den Präsidenten der Päpstlichen Kommission für Lateinamerika, Kardinal Marc Ouellet, vom 21. März 2016 hat Papst Franziskus unter Bezugnahme auf die Konstitution „Lumen Gentium" des II. Vatikanums etwas feiner, aber genauso klar formuliert:

Der Klerikalismus vergisst, dass die Sichtbarkeit und die Sakramentalität der Kirche zum ganzen Gottesvolk gehören (vgl. Lumen Gentium 9–14) und nicht zu einigen wenigen Auserwählten und Erleuchteten.

Um zu erkennen, wie Klerikalismus gegen die Lehre der Kirche handelt, lohnt es sich, einmal genauer in die Kirchen-Konstitution zu schauen. Ohne hier die ganze Lehre über die Kirche auszubreiten, ist es doch interessant, ein paar Worte des Dokumentes wahrzunehmen. Über das Priestertum aller Gläubigen heißt es:

> Das gemeinsame Priestertum der Gläubigen aber und das Priestertum des Dienstes, das heißt das hierarchische Priestertum, unterscheiden sich zwar dem Wesen und nicht bloß dem Grade nach. Dennoch sind sie einander zugeordnet: das eine wie das andere nämlich nimmt je auf besondere Weise am Priestertum Christi teil. Der Amtspriester nämlich bildet kraft seiner heiligen Gewalt, die er innehat, das priesterliche Volk heran und leitet es; er vollzieht in der Person Christi das eucharistische Opfer und bringt es im Namen des ganzen Volkes Gott dar; die Gläubigen hingegen wirken kraft ihres königlichen Priestertums an der eucharistischen Darbringung mit und üben ihr Priestertum aus im Empfang der Sakramente, im Gebet, in der Danksagung, im Zeugnis eines heiligen Lebens, durch Selbstverleugnung und tätige Liebe.[16]

Das heißt doch: Jede Rolle – und sei sie in der Hierarchie noch so weit oben – dient der anderen zu. Tut sie es nicht, droht sie, das System Kirche zu pervertieren. Ein System Kirche – paulinisch: Leib Christi (1 Korinther 12,12) –,

in der jeder seine und jede ihre Aufgabe als Dienst wahrnimmt, der jeweils den Dienst des anderen oder die Bewegung der anderen Glieder des Leibes ermöglicht, ist
klerikalismus-immun. Eigentlich müsste das zum Credo
jeden Amtsinhabers in der Kirche gehören: Je ‚höher'
in der Hierarchie, desto mehr müsste sich derjenige beständig seiner Wirkung im Volke Gottes vergewissern.
Das geht nur mit einer Amtsausübung in Beziehung und
einem gewissen Maß an Demut. Das verlangt außerdem
natürlich ein großes Maß an Kompetenz von jedem,
der in der Ämterhierarchie der Kirche ‚aufsteigt', und
solche Fragen sollten daher auch ein Auswahlverfahren
bestimmen. Allerdings nicht nur Auswahlverfahren für
das Bischofsamt. Wenn diese Fragen erst Kandidaten für
das Bischofsamt gestellt werden, ist es zu spät. Das Fördern von sozialen – oder im ekklesiologischen Kontext:
communio-bildenden – Kompetenzen sollte schon in der
Ausbildung in Seminaren zu finden sein. Und das geht
nicht in theoretischen Trockenübungen, sondern nur ganz
praktisch.

6.

Die Kirchenkonstitution „Lumen Gentium" des II. Vatikanums spricht von zwei Arten des Priestertums, die aufeinander hingeordnet sind: das Priestertum aller Gläubigen und das besondere Amtspriestertum. Beide Arten des
Priestertums sind als Dienst aneinander zu verstehen. Das
eine Priestertum steht dem anderen ergänzend entgegen,
das eine kann ohne das andere nicht Kirche bilden. Im
Sinne der von Klaus Mertes skizzierten Übertragungs-
theorie entsteht nun aber auch Klerikalismus. Wenn das

Amtspriestertum sich nicht mehr als hingeordnet, sondern als losgelöst versteht und in gleicher Weise das Priestertum aller Gläubigen die Unterordnung und damit Aufkündigung des Gegenseitigen akzeptiert und diese Situation vielleicht sogar noch mitgestaltet, dann ist der Boden für Klerikalismus bereitet. Hier kann klerikalistisches Verhalten von Klerikern blühen und gedeihen, weil klerikalismus-opportunes Verhalten von Nichtgeweihten dieses möglich macht. Wo bleibt der mündige Christ, der solche Entwicklungen verhindert? An seine Gemeinde in Ephesos schrieb der Apostel Paulus:

> Wir sollen nicht mehr unmündige Kinder sein, ein Spiel der Wellen, geschaukelt und getrieben von jedem Widerstreit der Lehrmeinungen, im Würfelspiel der Menschen, in Verschlagenheit, die in die Irre führt. Wir aber wollen, von der Liebe geleitet, die Wahrheit bezeugen und in allem auf ihn hin wachsen. Er, Christus, ist das Haupt (Epheser 4,14f).

Als „unmündige Kinder", hingegeben dem Spiel der Wellen, kann man schnell seekrank werden – als Kreuzfahrtseelsorger kann ich ein Lied davon singen. An Bord eines Schiffes tut man bei ordentlichem Seegang rasch zwei Dinge: Man klammert sich irgendwo fest und sucht mit den Augen den Horizont als stabilen Fixpunkt. Das hilft nicht in jedem Fall, aber ist mal ein guter Anfang. Als „unmündiges Kind" tut der Mensch dasselbe: Er klammert sich irgendwo fest und sucht den stabilen Halt. Der Priester, Inbegriff dessen, kann dann schnell herhalten. Er ist meistens verfügbar, er braucht ja auch soziale Kontakte und die „unmündigen Kinder" können da sehr dienlich sein, um den Fels, auf den sie die Kirche gebaut sehen (vgl. Matthäus 7), zu stabilisieren. Und das ist ja auch grundsätzlich nicht falsch – der entscheidende Kritikpunkt: Wird der Kleriker als Sozialpartner – Freund, Mitmensch – gesehen oder als Ersatz für eine eigene Position im Glauben instrumentalisiert? Statt im „Widerstreit der Lehrmeinungen" seekrank zu werden, klammert sich das „unmündige Kind" an den Kleriker, überhöht ihn kritiklos und lässt sich von ihm in jedweder Weise missbrauchen (oder seine Kinder).

Ein frommer Christ ist ja zunächst einmal etwas sehr Erstrebenswertes. Eine tiefverwurzelte Gottesbeziehung ist das Fundament unseres Glaubens – ohne die geht nichts. Aber eine solche tiefverwurzelte Gottesbeziehung muss auch angereichert sein mit Glaubenswissen und mit Reflexionen. Fromme Einsichten sind nicht genug: Strukturiertes Wissen führt schließlich aus einer Unmündigkeit heraus. Das ist wahrlich kein Plädoyer für eine akademische, aber für eine informierte Religiosität.

7.

Darum steht es nicht gut. Das beginnt mit den Medien, denen immer mehr Menschen zuarbeiten, die vom Innenleben der Religionen keine Ahnung haben und dann entsprechende Falschinformationen verbreiten. Viel schlimmer aber ist es schließlich innerhalb der Kirche unter den Gläubigen. Simpelstes Glaubenswissen ist oft Mangelware. Erinnern Sie sich noch an den Fernsehclip, den es einige Jahre immer wieder in der Weihnachtszeit zu sehen gab? Darin wurde eine Gruppe Erwachsener auf einem Weihnachtsmarkt befragt, warum man denn überhaupt Weihnachten feiert. Die Antwort Schweigen – und ein Kind, das den Eltern die Peinlichkeit abnahm: „Weil Jesus geboren wurde", kräht die Kleine. Lasst die Kinder zu mir kommen.

Zum Weihnachtsfest 2017 publizierte Thomas Petersen vom Demoskopie-Institut Allensbach einen Artikel in der Frankfurter Allgemeinen Zeitung,[17] aus dem zum einen hervorgeht, dass Glaubenswissen in Deutschland rasant schwindet, zum anderen aber „eine vage Spiritualität" bleibt. Aus diesen Worten geht hervor, dass der christliche Glaube in Deutschland nicht gänzlich verloren ist. Diese Aussagen bieten auch ein paar Hinweise zum Thema Klerikalismus.

Wenn Wissen schwindet, fehlt die Basis für Entscheidung und Argumentation. Wenn ich in Sachfragen Entscheidungen treffen kann, die ein Fundament haben, und wenn ich Argumente vorweise, die stichhaltig sind, kann ich selbstbewusst Themen, Probleme und Auseinandersetzungen angehen – auch im religiösen Bereich. Ich kann mich sogar kritisch mit der Lehre der Kirche auseinandersetzen: Das nimmt ihr absolut nicht die letztgültige Instanz, hilft mir aber, diese Lehre immer mehr zu verinnerlichen, weil ich sie in kritischer Reflexion angenommen habe. Wenn ich aber nicht weiß, warum ich glaube, was ich glaube, dann fehlen mir diese Formen des Umgangs. Und damit fehlt mir schließlich auch Glaubenskompetenz. Und dann? Eine Möglichkeit ist: Ich lasse den Glauben Glauben sein – „was der Bauer nicht kennt, das frisst er nicht". Eine andere ist: Ich baue mir meine eigenen religiösen Konstrukte. Die sind dann oft ein Mix aus allerlei Spiritualitäten und einigem Selbstgebastelten. Jedenfalls sehr oft fernab von dem, was die tradierte Glaubensoffenbarung der Kirche so bietet. Die immer wieder Menschen in privaten Offenbarungen erscheinende Gottesmutter spielt hier eine wichtige Rolle. Papst Benedikt XVI. schrieb dazu einmal:

> Der Maßstab für die Wahrheit einer Privatoffenbarung ist ihre Hinordnung auf Christus selbst.[18]

Wenn ich aber von Christus nichts Genaues weiß, dann ist oft die Privatoffenbarung eben fast alles, was ich habe. Eine dritte Möglichkeit: Ich mache meinen Stand im Glauben nicht an reflektierten Glaubensüberzeugungen und Glaubenspositionen fest, sondern an Personen. Menschen, die mich wegen besonderer Ausstrahlung, wegen ihrer Stellung im Leben oder wegen sonst etwas beeindrucken, werden Zielscheibe meiner Glaubensprojektionen. Ich rezitiere vielleicht das Credo und sage, dass ich in Tod und Auferstehung Jesu Christi meine eigene Erlösung sehe, aber tatsächlich ist mein Glaube mehr oder minder ausschließlich materialisiert in der Person meines Pfarrers. Oder sonst eines Klerikers. – Es gibt auch noch die sehr aufregende Kombination von Möglichkeit zwei und Möglichkeit drei.

Wir sehen: Glaubenswissen von Menschen in der Kirche verdunstet oder war gar nicht erst da, unter Umständen macht sich daraufhin eine numinose Spiritualität breit und wird identifiziert mit Amtsträgern der Kirche. Kirchenferne und sehr fromme Menschen können da durchaus sehr ähnlich gestrickt sein. Ein hohes Maß an Frömmigkeit ist absolut kein Garant für ein solides Fundament des Glaubens. Der Kirchenferne ohne Glaubenswissen zieht sich zurück, der Fromme ohne Glaubenswissen klammert sich an religiöse Rettungsringe, weil er sonst unterzugehen droht. Und so ein Rettungsring kann dann eben ein Repräsentant seiner oder ihrer Kirche sein. An all den Orten, wo der Mangel an Glaubenswissen und an Glaubensüberzeugung einhergeht mit enger Kirchenbindung, boomt folglich der Klerikalismus der Laien.

Für die Kirche in Industrieländern stellt sich die Situation des Klerikalismus zumeist besser dar als in den vielen Teilen der Weltkirche, wo die Zahl der Gläubigen wächst, die Situation von Glaubensunterweisung aber oft eher mangelhaft ist. Dabei geht es nicht immer nur um Quantität von Information, sondern vielmehr um ihre Qualität und die Qualität des Glaubenszeugnisses. Wir können durchaus sehen: In vielen Schwellenländern, in denen es mit der Bildungssituation im Allgemeinen nicht zum Besten bestellt ist, gibt es dennoch Heerscharen von katholischen Laien – Männer und Frauen –, die in der Glaubensvermittlung tätig sind. Und da sind nicht nur kirchlich beauftragte Katecheten und Katechetinnen. Es gibt genauso auch kirchlich und selbsternannte Missionarinnen und Missionare, oftmals etwa aus dem Umfeld charismatischer Gruppierungen. Ihr Engagement ist unglaublich, ihr Stil mitreißend, ihre Inhalte aber sind zu oft Floskeln und Parolen, denen jegliche Reflexion abgeht. Und ihr Publikum ist zahlreich.

8.

Genauso ist die Besucherquote von Religionsunterricht im Vergleich zu Industrienationen in Entwicklungsländern und Schwellenländern oft traumhaft. Wer aber hier mal nachfragen oder gar eine Diskussion anfangen möchte, muss damit rechnen, dass nicht viel passiert. Wenn Wissen vorhanden ist, ist es memoriertes Wissen. Es erinnert oft ein wenig an unsere Eltern- und Großelterngeneration, die im Religionsunterricht stur auswendig zu lernen hatten, was der Katechismus hergab. Das hängt eben auch damit zusammen, dass diskursives Lernen und Denken ein Stil einer aufgeklärten religiösen Kultur ist. Wo es eine solche Entwicklung nicht gibt, wo das ‚Wagnis des (religiösen) Denkens‘ nicht eingegangen wird, hat die kritische Reflexion einen schweren Stand. Und stattdessen feiert der Personenkult fröhliche Urständ. Natürlich gilt das nicht nur für die Religion, sondern etwa auch für die Politik. – Da wissen wir es schon längst.

Auch ist nicht allein eine allgemein schwierige Bildungssituation der Grund dafür, dass selbstständiges Denken ein seltenes Exponat ist. Die politischen Diskussionen in Deutschland, wo Bildung, Informationen und Wissen eigentlich recht gut zugänglich sind, zeigen oft genug, wie nachgebrüllt wird, was andere vorplappern. Und was in der Gesellschaft abgeht, findet sich oft in der Kirche wieder wie in einem Spiegel. Wer fragt denn noch nach oder schaut kritisch hin?

Der mündige Christ, die mündige Christin scheint also langsam nicht mehr als eine gute Idee pastoraltheologischer Reflexionen zu sein. Natürlich ist das einmal mehr pauschal. Es gibt – Gott sei Dank! – immer noch gute Gegenbeispiele. Kirchliche Bildungseinrichtungen haben schon noch Zulauf. Aber schaut man dort hinein oder erlebt man in Gemeinden Bildungsveranstaltungen, dann ist die dominante Haarfarbe grau. Tatsächlich scheint es so zu sein, dass, wenn Glaube überhaupt noch reflektiert wird, dann in jener Generation, die in jungen Jahren den Katechismus hat auswendig lernen müssen und die heute dankbar ist für lebendige Diskussionen. Ich erinnere mich an einen kleinen Kreis von Frauen in einer Gemeinde, die im Alter zwischen siebzig und neunzig Jahren sind. Sie treffen sich einmal in der Woche nach dem Gottesdienst zum Kaffee und diskutieren ganz informell Aktuelles des Glaubens- und Kirchenlebens. Und ich wurde hin und wieder angefragt, Informationslücken zu schließen und meinen Teil zur Diskussion beizutragen. In derselben Gemeinde trifft man sich auch alle paar Monate nach dem Gottesdienst, um mit den Gottesdienstfeiernden die Predigt oder andere Themen aus Glaube und Kirche zu besprechen. Hier finden sich dann hin und wieder auch ein paar Familien ein. Im Teilen von Wissen und Erfahrungen wächst dieses Wissen und kommen neue Erfahrungen hinzu. – Das sind aber einzelne Perlen gemeindlicher Bildungsarbeit. Wenn man bedenkt, dass der Gottesdienstbesucheranteil oder Aktivenanteil in einer Gemeinde oftmals zwischen zwei und acht Prozent der Kirchgemeindemitglieder ausmacht, lässt sich erkennen, wie viele Menschen von solcher Glaubens- und Wissensentwicklung nichts mitbekommen. Ob sich dieser Trend umkehrt?

Ähnliches gilt etwa auch für Veranstaltungen wie Kirchen- oder Katholikentage. Hatten diese Treffen vor 30 Jahren fast noch den Charakter eines Jugendfestivals, sind es immer mehr die Jugendlichen von damals – heute Familienväter und -mütter – und deren Eltern, die man bei solchen Begegnungen findet. Das ist wunderbar, aber der nächsten Generation gehen diese Glaubenserfahrungen ab. Wie sie darauf reagieren können, ist oben in den drei Möglichkeiten hypothetisch dargestellt.

9.

Solche Feststellungen sollen und dürfen nicht als Lamento angesehen und abgetan werden. Mit dem Lamento-Vorwurf lassen sich die Schmerzen, die solche Entwicklungen hervorrufen, gut anästhesieren. Aber eine Behandlung wird vermieden. Die Frage ist auch, ob es überhaupt eine Behandlung geben kann. Seit Jahrzehnten diskutieren sich Pastoraltheologen und Praktiker in der Pastoral die Lippen wund, wie solche Trends aufzuhalten sein könnten. Zukunftswerkstätten in den Diözesen und ähnliche Veranstaltungen wollen herausfinden, was diejenigen brauchen, die nicht mehr in den Gemeinden zu sehen sind. Gefruchtet hat hinsichtlich der Zahlen all das nicht so viel. Die Entwicklungen in den Generationen sind so, dass ein Phänomen wie Kirche – aber auch andere Institutionen wie politische Parteien etwa – vor allem mit den jungen Generationen nicht unbedingt als kompatibel erscheint. Ganz wichtig dabei: Institutionen wie Kirchen und Parteien mögen es vielleicht schwer haben, nicht aber unbedingt deren Themen. Dazu gleich mehr.

Die Amerikaner William Strauss und Neil Howe[19] haben im ausgehenden letzten Jahrhundert die Generation der ‚Millennials‘ beschrieben, also jener jungen Leute, die anfangs der 1980er Jahre geboren wurden und beim Jahrtausendwechsel oder danach ins Erwachsenenalter eintraten. Fraglos ist es schwierig, Generationen genau abzutrennen. Je nach Quelle variiert die Altersabgrenzung der Generationen auch ein wenig. Inzwischen aber ist die Definition von Howe und Strauss weitestgehend in die Forschung eingegangen und eines der führenden amerikanischen Datencenter, das „Pew Research Center" in Washington, definiert Millennials recht scharf als jene zwischen 1981 und 1996 Geborene.[20] Nun sind die damaligen Teenager heute auch gesetzteren Alters und ihnen folgte die Generation Z oder die Post-Millennials. Diese definierte im Januar 2019 das Pew Research Center als zwischen den Jahren 1996 und heute Geborene.

Interessanter als ihr Alter sind nun aber die Charakteristika dieser Generationen-Cluster. Millennials – zunächst einmal in der amerikanischen Gesellschaft – zeichnen sich durch ein hohes Maß an Distanz zu Institutionen aus sowie durch liberale Ansichten in Sachen wie etwa Legalisierung von Drogen, gleichgeschlechtliche Ehen und Ähnliches.[21] Sie setzen sich ein für die gerechte Behandlung von Minderheiten. Ihr Wähleranteil dürfte für die Wahl Obamas zum ersten afro-amerikanischen Präsidenten einen massiven Einfluss gehabt haben.

Die als Generation Z Geborenen sind in einem hohen Maß karriereorientiert und sicherheitsbewusst: Wo sie investieren – Finanzen, Zeit, Mühen –, muss etwas herausspringen.[22] Etwas tun, nur einfach weil es getan werden könnte, kommt nicht in Frage. – Welche Firmkurskatechetin kennt nicht die mit gelangweiltem Blick im Firmkurs gestellte Frage: „Und was hab ich jetzt davon?"

Die Skepsis dieser Teenager und baldigen Twens gegenüber Institutionen ist ähnlich hoch wie die der Millennials, ihr Vertrauen in Führungspersönlichkeiten aber wesentlich ausgeprägter. Die Delegation von Verantwortung an staatliche Stellen ist ein weiteres Merkmal dieser Generation. Wir alle haben die schwedische Schülerin Greta Thunberg vor Augen, die den „Schulstreik fürs Klima" ins Leben rief und im September 2019 mit einer emotionalen Rede an das Klima-Gewissen der vereinten

Staats- und Regierungschefs appellierte, die sich in New York zur UNO-Vollversammlung getroffen hatten. Zuvor am 1. März 2019 schrieb sie in einem offenen Brief an die Politikerinnen und Politiker weltweit:

> Wir fordern die Entscheidungsträger dieser Welt auf, Verantwortung zu übernehmen und die Krise zu lösen. Ihr habt in der Vergangenheit versagt. Wenn ihr auch in der Zukunft versagt, werden wir, die Jungen, selbst für Veränderung eintreten. Die Jugend dieser Welt hat sich erhoben und wird nicht wieder stillstehen.[23]

Fein. Was die Jugend dieser Welt aber selbst für ein besseres Klima tun will, stand nicht in diesem Programm. Der Schweizer Kapuziner Kletus Hutter kommentiert das so:

> Es ist ein Privileg der Jugend aufzustehen mit all diesen Ungereimtheiten, dem verlockend einfachen Blick auf Welt und Politik, um lautstark die Erwachsenenwelt daran zu erinnern, dass es sie auch noch gibt.[24]

Ja, das mag sein. Nur, Institutionen in dieser Welt sind nicht einfach. Es mag den Jugendlichen sehr vergönnt sein, sich nicht mit der Kompliziertheit und den inneren Angelegenheiten von Institutionen, die für Klimapolitik zuständig sind, auseinandersetzen zu müssen, die im Klimastreit ihre ganz eigenen Interessen vertreten. Man darf aber nicht vergessen: Es gibt genügend andere, die auf der Klaviatur dieser Institutionsstrukturen gut zu spielen und diese für sich einzunehmen wissen. Und ich bin mir noch nicht sicher, ob nicht am Ende diese kraftvolle, energiegeladene, aber doch naive Klimastreikwelle der Jugendlichen schließlich auch von irgendwem vereinnahmt werden wird.

Das führt uns zurück in die Kirche. Zu den Institutionen, denen die jungen Leute der Generation Z kritisch gegenübersteht, gehört auch die katholische Kirche. Als institutionelle Glaubensgemeinschaft, in der man lebt, sich engagiert und sein Leben gestaltet, verliert die Kirche immer mehr an Bedeutung. Teenager und Twens wollen sich nicht mehr in ihren Strukturen bewegen. Wer auf der Klaviatur der Kirchenstruktur mitspielt, muss – im übertragenen Sinne – von Gregorianik bis Kirchenpop alles beherrschen, muss verstehen, wie Kirche funktioniert, oder man fühlt sich fremd. So lassen die meisten Jugendlichen von einer institutionalisierten Kirche lieber die Finger. Mit dieser Kirchenferne geht dann schließlich auch eine katechetische Entfremdung einher: Wer nicht im Raum der Kirche erscheint, bekommt auch ihre Bildungsangebote kaum mit. Gut, kann man jetzt meinen, dann eben nicht. Wer mit Kirche und Glauben nichts zu tun haben will, braucht auch keine Informationen darüber. – Wenn ich nicht reisen will, wozu Sprachkenntnisse, um mich zu verständigen? So mag man denken. Und liegt falsch.

10.

Denn nun kommt ein anderes, interessantes Phänomen hinzu. Die Kirchenferne, wie wir sie in Industrienationen, aber etwa noch nicht in den jungen Kirchen Afrikas oder in den Kirchen Asiens feststellen, geht keinesfalls mit einem Niedergang von Spiritualität einher. Ganz im Gegenteil. Wenn auch konkretes Glaubenswissen vielleicht nicht vorhanden ist, gibt es immer mehr eine numinose Spiritualität der Menschen. Im zuvor schon zitierten FAZ-Artikel des Allensbach-Institutes hält Thomas Petersen fest, dass im Jahr 1988 noch 56 Prozent aller Befragten wussten, dass der christliche Glaube festhält, dass Jesus Christus Gottes Sohn ist – dieser Anteil sank 2017 auf 41 Prozent. Derweil glaubten 1988 von allen Befragten 33 Prozent an Wunder – 2017 waren es dann 51 Prozent.[25] Nicht die spirituelle Offenheit verschwindet, sondern das Wissen darüber, was die Religionen, darunter die christlichen Kirchen, lehren: Der religiöse Handwerkskoffer der (jungen) Christen gibt nicht mehr viel her. Und was mache ich als junger Mensch dann, wenn ich mich wohl mit meiner Spiritualität im Rahmen der Kirche bewegen will, aber ich von dem, was die Kirche so macht, keine Ahnung habe? Was kann ich als Jugendlicher tun, wenn ich mich religiös nicht mehr ausdrücken kann, weil mir das Vokabular fehlt, und ich das Vokabular, das meine Kirche benutzt, nicht verstehe? Was mache ich als Teenager oder Twen, wenn ich mein religiöses Leben nicht mehr gestalten kann, weil ich keine Ahnung habe, wie Religion geht und auf welchen religiösen Traditionen das Leben meiner Kirche fußt? Was mache ich mit all diesen Fragen, wenn mich aber trotzdem aus irgendeinem Grund fasziniert, was die Kirche ausstrahlt?

Sowohl in den Kirchen der Reformation als auch bei den Katholiken gibt es darauf verschiedenste Antworten, von denen einige aber doch auch in Hinsicht auf Machtmissbrauchssituationen äußerst delikat sind: Bei den einen sind es die evangelikalen Gruppen, bei den anderen die Charismatiker. So hat innerhalb der katholischen Kirche in der Schweiz etwa die Zahl von Praise&Worship-Gruppen und deren Großveranstaltungen massiv zugenommen.

Evangelikale Veranstaltungen wie das zu Silvester in Basel stattfindende „PraiseCamp" dienen da als Vorbild und Nährboden für katholische Gruppierungen wie ‚Loretto' oder ‚Adoray'. Diese Gruppierungen bieten all den jungen Leuten der Generation Z eine geistliche Heimat, die eine solche in ihren Kirchgemeinden nicht mehr finden. Hier kann ohne die Herausforderungen eines hohen Reflexionsniveaus einfach Spirituelles konsumiert werden. Hier zählen zuerst flache Strukturen und eine individualisierte Willkommenskultur. Kein Jugendlicher muss sich hier mit dem Zeitplan eines Firmkurses, den Nutzungsbedingungen des Pfarrjugendkellers oder den Präsenzzeiten des Jugendarbeiters auseinandersetzen. Über die Entstehung von ‚Adoray' heißt es auf der Homepage:

> Am Anfang von Adoray war die Sehnsucht. Keine Planungskommission und kein Projektmanagement, sondern die Sehnsucht nach Gebet.[26]

Hier wird niemand nach seinem biblischen Wissen gefragt, noch wird für die Zulassung zur Konfirmation oder Firmung der Besuch einer bestimmten Anzahl von Gottesdiensten verlangt. Das Individuum zählt und es muss sich keine Sorgen machen, dass es in irgendeiner Weise hilflos allein gelassen wird. Spirituelle Begleiter – nicht nur Priester – sind da und helfen in allen Lebenslagen. Sie wissen, wie das Leben geht, und zeigen es den Suchenden gern. – Das kann wohl ein guter und hilfreicher pastoraler Ansatz sein; hier liegt aber auch jede Menge Gefahrenpotenzial verborgen: Falsch angegangen, führen die Strukturen solcher Gruppierungen geradewegs nämlich in die geistliche Abhängigkeit und damit in Missbrauchssituationen.

Noch viel deutlicher ist mir das im Umgang mit charismatischen Gruppierungen der Kirche in Arabien geworden. Die größte charismatische Gruppierung, „Jesus Youth", die in 35 Ländern der Welt – auch in Deutschland und in der Schweiz – vertreten ist, hat ihren Hauptsitz im indischen Kerala. In Arabien sind sie vor allem in den Arbeitercamps aktiv und evangelisieren dort. Im Kontakt mit Verantwortlichen fällt einem als Priester unmittelbar eine ungeheure Unterwürfigkeit gegenüber dem Klerus auf, die weit übers Anbiedernde und Ergebene hinausgeht und oftmals höchst befremdlich wirkt. Wenn man sich dann ein wenig in den Gruppen und unter einzelnen Mitgliedern umhört, dann wird in diesen persönlichen Gesprächen schnell klar, dass sich die Verantwortlichen dieser charismatischen Organisation ihre eigene Unterwürfigkeit dem Klerus gegenüber wiederum mit derselben Unterwürfigkeit und einer gewissen Hörigkeit der Gruppenmitglieder ihnen selbst gegenüber ‚entlohnen' lassen. Man sieht: In größeren Organisationen mit klerikalistischen Tendenzen unter den Mitgliedern setzt sich diese Art von Machtmissbrauchsverhalten auch unter den Nichtgeweihten hierarchisch fort. Machtmissbrauch in der Kirche ist eben nicht nur ein Thema des Klerus. Das macht die Situation noch verzwickter.

Die Entwicklung der kirchenaktiven, aber unmündigen jungen Generationen scheint der Entwicklung von so agierenden klerikalistischen Klerikern und Nichtgeweihten in die Hände zu spielen. Die religiöse Situation einer Generation Z kommt natürlich nicht nur institutionalisiert in evangelikalen oder charismatischen Gruppierungen vor. Überall dort, wo junge Leute suchen und an Kleriker (und eben auch an Nichtgeweihte) geraten, die dieses

Suchen ausnutzen, besteht die Gefahr von (klerikalisti-schem) Machtmissbrauch.

Selbstverständlich wäre es jetzt unfair, alle evangelika-len oder charismatischen Bewegungen unter Generalver-dacht zu stellen. Fraglos wird an vielen Stellen für all die Suchenden erheblich Wichtiges geleistet. Dennoch ist diese Generation der religiös Mittellosen einer der besten Zu-lieferer für Klerikalismus-Voraussetzungen.

Ich habe hier bei der Darstellung von Daten recht groß-zügig Erkenntnisse aus den USA, aus der Schweiz und aus Deutschland nebeneinandergestellt und somit den Ein-druck erweckt, dass die Situationen miteinander korrelie-ren oder womöglich überall ähnlich sind. Das stimmt si-cher so nicht, da überall die kirchliche Landschaft und ihre historische wie soziologische Entwicklung unterschiedlich sind. Dennoch macht es Sinn, und ich habe diese verglei-chenden Darstellungen gewagt, da die verschiedenen Ent-wicklungen von Kirche durchaus früher oder später auch an anderen Orten vorkommen können. Die Darstellungen sollen helfen, sich mit dieser oder jener Entwicklung schon einmal vertraut zu machen.

Für den Fall, dass nun die Leserschaft an dieser Stelle einen Hang zur Schwermut – „wo soll das alles hinfüh-ren?" – erkennen lässt: Dazu gibt es keinen Grund. Die Entwicklungen der Generationen, wie ich sie beschrieben habe, sind zu beobachten, und sie sind zunächst einmal da. Sie sind weder schlecht noch gut. Sie sind schlicht da. An der Entwicklung der Generationen lässt sich nur schwer-lich etwas ändern. Auch darf man nicht vergessen – es war schon angedeutet worden: Der Umgang mit der Kirche ist innerhalb der beschriebenen Generationscluster nur ein Thema unter vielen. Analysiert man diese Generationen, stellt man auch Fragen nach ihrem politischen und sozialen Verhalten. Dann lässt sich schnell erkennen, dass es zwischen den einzelnen Analysethemen Verbindungen gibt. Wie eine jede Generation mit Religiosität, mit Spiritualität und auch mit Kirche umgeht, lässt sich nicht losgelöst von anderen Lebensbereichen anschauen. Die Zwischenabhängigkeiten sind komplex und nur schwer zu beeinflussen. Wie gesagt: Es hilft nicht, zu lamentieren. Und schon gar nicht hilft die Feststellung, dass früher alles besser war. War es nämlich nicht.

Es gilt, einen Umgang mit der Situation heutiger Generationen zu entwickeln. Diese Suche ist eine Herausforderung für die Pastoral, für die Katechese und andere Bereiche kirchlichen Lebens. Aber ich glaube eben auch, dass es wichtig ist, nicht in Panik oder Untergangsstimmungen zu verfallen. Oft hört man Kommentatoren sagen, die Kirche stehe in der schwersten Krise, die sie je hatte, sie stehe am Scheideweg. – Die Kirche steht immer am Scheideweg. Die Kirchenkonstitution „Lumen Gentium" des II. Vatikanums spricht wiederholt von der „pilgernden Kirche": Auf einem Pilgerweg kommt man an Wegkreuzungen, an Stoppschilder, läuft in Sackgassen. Das sind Herausforderungen und Reifemomente, die guttun.

11.

Die letzten Ausführungen galten den jungen Leuten in der Kirche unserer Breitengrade, wie sie Opfer von Klerikalismus werden können. Aber es gibt nicht nur junge Klerikalismusfreunde. Noch viel mehr hat der Klerikalismus der Laien in den älteren Generationen seinen Platz ergattert. Bei jenen Gläubigen, die gemäß dem Pew Research Center zur Generation der „Silent" (geboren zwischen 1928 und 1945) oder zur Generation der „Boomers" (geboren zwischen 1946 und 1964) gehören.[27] Bei jenen Menschen also, für die Kirche eine geistliche und soziale Heimat ist, ohne dass sie oft benennen können, warum das so ist. Die in jungen Jahren Katechismuswissen gebimst haben, von dem sie heute nicht so recht wissen, was sie damit machen sollen. Die froh sind, dass es in der Kirche – oft numinose – Traditionen gibt, an die man sich klammern kann, wenn der Rest des Lebens viel zu schnell dahinrauscht. Und die dankbar sind für Priester, in deren Person diese Menschen all ihre Sehnsüchte, Nöte und Sorgen deponieren und projizieren können. Welcher Priester kennt sie nicht: jene Frauen und Männer mittleren Alters in Pfarreien, die in der von Klaus Mertes beschriebenen Übertragung all ihre Wünsche an das Leben auf den Priester projizieren. Wir finden sie zu allen Gelegenheiten des Pfarreilebens, sie vertrauen ihrem auserwählten Priester blindlings und sie lassen ihn das beständig wissen. Dezent, aber bisweilen doch aufdringlich unaufdringlich. Oft sind nicht nur Priester die Zielscheiben solcher Verhaltensweisen. Viele andere Mitarbeiter und Mitarbeiterinnen in der Pastoral kennen solche Vorgänge auch. Aber der zölibatäre, ehe- und familienlose Priester ist aufgrund seiner Lebenssituation ein besonders beliebtes Objekt der Begierde.

Für den Fall, dass einem als Priester dieses Verhalten unangenehm ist, muss man in solchen Situationen ein sehr ausbalanciertes Verhältnis von Nähe und Distanz pflegen – und das ist nicht immer einfach. Denn wenn das Vorgehen nur subtil genug ist, dann ist das Übertragungsverhalten solcher Gläubigen oft gar nicht so schlimm, bis zu einem bestimmten Grad ist es vielleicht sogar wohltuend für den Priester. Es schenkt das Gefühl, gebraucht zu werden und Gutes tun zu können, heißt: der Hirtensorge für die Anvertrauten gerecht werden zu können. Und hier beginnt die Gegenübertragung: Der Priester antwortet dann mit einer Verhaltensweise, die den Suchenden bestätigt. Das Verhalten des Klerikers lässt den anderen Menschen wissen: „Ich kann für dich in deinen Nöten da sein. Solange du nur meine Rolle als Kleriker akzeptierst und sie stärkst." Und es beginnt ein Verhältnis gegenseitiger Übertragung, in dem der Kleriker – nicht einmal unbedingt völlig bewusst – sein Geweihtsein dominant ausspielen kann und der suchende Mensch seine Fragen und Nöte einfach deponiert, ohne für sie weitere Verantwortung zu übernehmen. Der Priester wird zum Lebenserfüllungsgehilfen, ohne den fast nichts mehr im Leben geht. Der Gläubige wird zum Untertan, an dem der Kleriker seine klerikalistische Dominanz ausüben kann. Und dieses Verhältnis, so schlecht es klingt, ist für beide Seiten durchaus gewinnbringend und stabilisierend. Nur: Eine gesunde pastorale Beziehung, in der zwei Individuen in eigenverantwortetem Verhalten Umgang miteinander haben, ist das, wie jede andere Situation, in der klerikalistisches Verhalten ausgeübt wird, nicht.

Und einmal mehr wird deutlich: Es braucht zwei Seiten, es braucht zwei Menschen, die miteinander umgehen, damit Klerikalismus entstehen kann. Selbstverständlich ist es hier zuerst Aufgabe und Verantwortung des Klerikers, solche Situationen zu unterbinden. Es liegt am verantwortlichen Seelsorger, das beidseitige Übertragungsverhalten zu verhindern. Und auf diesem Weg verhindert er schließlich auch klerikalistisches Verhalten. Wenn er es will.

12.

Die Situationen, wie ich sie oben beschrieben habe, trifft man vor allem in der Kirche heutiger Industrienationen liberaler demokratischer Prägung an. In Ländern, deren Kultur stärker von strikteren Normen und Traditionen geprägt ist und wo entsprechend auch der Prozess der Selbstwerdung der Menschen anders und vielleicht weniger freiheitlich verläuft, gilt vieles von dem zuvor Dargestellten so nicht. Die Generationendefinitionen des Pew Research Center werden zwar immer wieder für die Analyse von Generationenclustern in der ganzen Welt gebraucht, doch halte ich das für schwierig: Twens in den USA und in anderen Industrienationen leben ihr Leben anders, wachsen unter anderen Umständen auf und reagieren auf die Einflüsse ihrer Umwelt anders als ihre Altersgenossen in Schwellenländern, in Entwicklungsländern oder dort, wo Gesellschaftssysteme mehr Schranken setzen.

Ohne zu sehr ins Detail gehen zu können, will ich dazu ein paar kurze eigene Beobachtungen schildern, die deutlich machen mögen, wie sich zum einen ein Klerikalismus der Laien in anderen Teilen der Weltkirche entwickeln kann und wie der Klerikalismus der dortigen Kleriker als Antwort darauf aussieht. Meine gänzlich subjektiven Beobachtungen habe ich während meines fünfjährigen Aufenthaltes in der Kirche auf der Arabischen Halbinsel gemacht. Von den rund zwei Millionen Katholikinnen und Katholiken in den Ländern Saudi-Arabien, Kuwait, Qatar, Bahrain, Vereinigte Arabische Emirate, Oman und Jemen stammt die Mehrheit zum einen aus den verschiedenen indischen Staaten und zum anderen von den Philippinen. Es gibt noch viele andere Nationalitäten, doch prägen zunächst einmal Inder und Filipinos das Kirchenbild der beiden Apostolischen Vikariate im Norden und im Süden der Arabischen Halbinsel. Die Art und Weise der Menschen aus diesen Kulturkreisen, wie sie kirchliches Leben gestalten, unterscheidet sich von einem Kirchenleben etwa in Europa wesentlich. Innerhalb Indiens lassen sich dabei je nach Landesteil noch einmal Unterschiede beobachten, die im Einzelnen darzustellen jetzt sehr weit führen würde. Damit werden die folgende Beschreibung und deren Reflexionen ein wenig holzschnittartig, aber das möge für den Moment genügen.

Ich habe weiter oben schon darauf hingewiesen, wie gut Katechesestunden in Arabien besucht sind. Im katechetischen Kontakt mit Katholikinnen und Katholiken vom indischen Subkontinent habe ich immer wieder beobachten können, dass es ein ungeheures Maß an Glaubenswissen gibt, das mir imponiert hat. Der Besuch von Katechesestunden ist für die meisten Kinder eine Selbstverständlichkeit. Die vorbildliche Aufmerksamkeit und Disziplin während der Stunden muss europäischen Katechetinnen das Wasser in die Augen treiben. Schaut man aber auf die Art, wie hier gelernt wird, sieht man, dass für diese wunderbare Lernsituation ein hoher Preis gezahlt wird. Die Art, sich Wissen anzueignen, geht mit der auch in anderen Fächern üblichen Lernweise einher: Die Lernenden lernen überwiegend auswendig und können das Auswendiggelernte rezitieren – in einer Weise, die mich immer wieder hat neidisch werden lassen.

Doch gibt es dabei eine Kehrseite; ich greife zur Erklärung ein wenig in die pädagogische Theoriesammlung. Der Schweizer Lernpsychologe Jean Piaget (1896–1980) hat in seinen Ausführungen zwei grundlegende Lernfähigkeiten des Menschen beschrieben, die jeder Mensch aber trainieren muss, wenn er sie beherrschen will: die Fähigkeit zur Adaption und die Fähigkeit zur Organisation. Die Fähigkeit zur Adaption, also zur Anpassung an die Erfahrungsumwelt, geschieht in zwei Schritten: Zunächst macht ein Lernender (und wir Menschen lernen alle bis zum letzten Atemzug) neue Lernerfahrungen und sortiert sie in den Schatz seiner alten Erfahrungen ein (Assimilation). Im nächsten Schritt werden alte Erfahrungen im Licht der neuen betrachtet und alte Handlungsmuster überdacht und neu gestaltet (Akkomodation). Die zweite Fähigkeit der Organisation meint dann, aus den neuen Erfahrungsmustern vorausschauend neue Handlungsideen zu entwickeln. So klingt Piaget in der Kurzfassung.

Was meint das hier? Für religiöses Lernen beschreiben die Lerntheorien Piagets zum einen die biographische Entwicklung vom Kinderglauben zum Erwachsenenglauben. Zum anderen zeigen sie dabei auch die Grundzüge der Wesensentwicklung des mündigen Christen in der Kirche, der weiß, was er dort will. Nur: Unter indischen Christen, wie ich es beobachtet habe, funktioniert dieser Prozess vielfach nicht. Nach dem Aneignen neuen religiösen Wissens, ausgerüstet mit neuen religiösen Erfahrungen, kommt es oft zum Stillstand. Der Schatz des religiösen Wissens ist unglaublich groß – aber was jetzt damit machen? Die Lernkultur des indischen Subkontinents, wie ich sie erlebt habe, erlaubt zumeist die Frage „Was heißt dieses Wissen jetzt für dich?" nicht. Das gilt übrigens nicht nur für die Katechese. Eine Psychologin, mit der ich verschiedene Projekte entwerfen durfte, hat mir das für das Schulfach Psychologie bestätigt: Diskussionen anzufangen, in denen Schülerinnen und Schüler Standpunkte verteidigen und Ideen entwer fen, sei fast unmöglich. – Religiöses Wissen wird wohl assimiliert, aber Erfahrungsmuster werden nicht überdacht, noch wird religiöses Leben aufgrund von Lernerfahrungen gestaltet und selbstbewusst organisiert.

Und hier dringt die Klerikalismusgefahr ein: Maßgebliche Leitlinien für christliches Leben sind also nicht Entscheidungen, sondern die Traditionen der vorhergehenden Generationen, wie sie in den Familien vorherrschen, und die Unterweisungen der Kirchenvertreter – zuerst einmal: der Priester, deren Wort unbedingt gilt. – Übrigens findet sich solch religiöses Lernverhalten nicht nur auf dem indischen Subkontinent. Mitbrüder, die als Missionare in afrikanischen Ländern unterwegs waren, haben von ähnlichen Vorgängen berichtet.

Der Mangel an Mündigkeit der Christen hier liegt nicht wie in unseren Breiten in fehlendem Know-how begründet, sondern in einem Mangel an Entscheidungs- und Reflexionsfähigkeit. Es gibt unglaublich viel religiöses Wissen, aber dennoch kaum religiöse Eigenständigkeit.

Kleriker nun, die aus denselben Lern- und Lehrtraditionen stammen, sind es gewohnt und halten es für selbstverständlich, dass ihr Wort gilt. Wie einst das Wort ihrer Lehrer und Priester auch galt. Sie haben zum einen nicht gelernt, ihren religiösen Erfahrungsschatz selbstverantwortet in Handlungsmustern zu organisieren, sondern haben Handlungsmuster immer von anderen übernommen. Und zum anderen können sie konsequenterweise nicht damit umgehen, wenn andere selbstbewusst religiöses Leben gestalten. Die von Rainer Bucher beschriebene Herrschaft der Kleriker über die Laien ist hier nicht nur systemimmanent, sondern eine systemstiftende sowie eine systemerhaltende Notwendigkeit. Es geht gar nicht anders.

13.

An dieser Stelle kann man noch weiter gehen. Neben der
Lernstruktur, wie ich sie versucht habe, mit Piagets Theorie ein wenig anzudeuten, bringt eine freiheitliche Lernkultur auch noch einen ganz wesentlichen inhaltlichen Aspekt mit sich: den der ästhetischen Bildung. Im Nachgang
zur Zeit der Aufklärung schrieb in der Epoche von Sturm
und Drang Friedrich Schiller 1795 seine Briefe „Über die
ästhetische Erziehung des Menschen". Dort lässt sich ästhetische Bildung ausmachen als die

> Erziehung zu einer Sittlichkeit, die die Natur nicht verge-
> waltigt, welche eine Spaltung der Rationalität und damit
> das Auseinanderfallen von Mittel und Zweck überwindet.[28]

Der Regensburger Religionspädagoge Georg Hilger sieht ästhetische Bildung innerhalb von Katechese auf drei Säulen
aufgesetzt: auf Wahrnehmungsfähigkeit (Aisthesis), auf Ge-
staltungsmöglichkeit (Poiesis) und auf kritischem Bewusstsein
(Katharsis).[29] Zur Wahrnehmungsfähigkeit bemerkt Hilger:

> Darin drückt sich eine besondere Beziehung zur Welt und
> zum Leben aus: nicht eine distanzierte, „extramundane",
> darüber stehende Wahrnehmung ist gemeint, die sich auf
> vereinnahmendes Bescheidwissen beschränkt, sondern
> konkretes Wahrnehmen, das sich behutsam und aufmerk-
> sam der Welt annähert, auch ihren Widerständen, Wider-
> sprüchen und Fremdheiten.[30]

Religiöses Lernen, das zur Freiheit der Kinder Gottes
erzieht, lässt in Kontakt mit der Welt kommen und hat

keine Angst vor der Welt. Wer es schafft, die Welt wahrzunehmen und selbst im Licht des Glaubens zu deuten, was er sieht, ist frei. Wer das nicht schafft, bleibt gefangen in seiner Welt und damit abhängig von dem oder von denen, die ihrerseits diese Welt ausmachen, beschreiben und interpretieren. Wer in der Lage ist, seine religiöse Welt zu gestalten, zu seinem eigenen Zeugnis zu finden, macht sich unabhängig von externen Gestaltern. Und wer kritisch denken kann, ist in der Lage, sich so manchem Schmarrn, der gepredigt und gelehrt wird, selbstbewusst und freiheitlich entgegenzustellen. Dabei kann ästhetisches Lernen nicht als Trockenübung passieren: Die Formen des Lernens und des Lehrens haben etwas mit ihren Inhalten zu tun – sie stehen in Beziehung zueinander, sie müssen eine innere Kohärenz aufweisen. Während des Lernprozesses muss die Freiheitlichkeit bereits eingeübt werden, sonst bleibt sie ein Traum. Überall dort, wo – vielleicht reichlich – religiöses Wissen angehäuft wird, sei es in Form von Katechismuswissen oder in der Kenntnis von religiösen Traditionen, aber keine Wahrnehmungs-, Gestaltungs- und Kritikfähigkeit geübt werden, da führt Religiosität in die Abhängigkeit. Und von dort ist es bis zu Missbrauchssituationen nicht mehr weit. Der Klerikalismus ist dann eine ihrer Formen.

14.

Ja, fraglos: Diese Beschreibung geschieht durch eine europäische Brille, das kann und das will ich gar nicht leugnen. Ich habe meine überwiegenden Erfahrungen gemacht nach langer Prägung durch Kulturen zweier Industrieländer. Und natürlich lässt sich hier, wie mir bereits passiert ist, der Kolonialismusvorwurf anbringen. Jenen Kritikern sei mit einer Überlegung des Schweizer Alt-Bundesrates Kaspar Villiger entgegnet:

> Warum, stellt man sich die Frage, sollen nicht auch Kulturen einem Rating unterworfen werden? […] Demokratien zeigen langfristig stärkeres Wachstum. Demokratien finden im Widerstreit der Meinungen rascher Lösungen für neu auftauchende Probleme als Autokratien.[31]

Nun funktioniert die Kirche nicht als ein demokratisches System, das ist nichts Neues. Aber die Kirche innerhalb eines demokratischen Herrschaftsystems ist von diesem nicht unberührt. Wenn Menschen generell Partizipation gelernt haben, verhalten sie sich auch innerhalb der Kirche (eher) partizipatorisch oder haben (eher) den Anspruch zu partizipieren, als wenn sie es generell nicht gelernt haben. Demokratische Strukturen sind noch nicht einmal das Entscheidende, sondern Partizipationsmöglichkeiten und eine Bezogenheit der Glieder der Kirche aufeinander spielen die wichtigste Rolle. Die Kirche muss nicht ein demokratisches System werden, aber sie muss dem Leib-Christi-Gedanken entsprechend in Partnerschaftlichkeit funktionieren, wo sich die Menschen, gleich woher sie kommen oder was sie in der Kirche tun, auf Augenhöhe begegnen. Papst Franziskus hat dafür immer wieder eindrückliche Beispiele geliefert. So funktionierende Kulturen pflegen genau diese „Kultur der Achtsamkeit", die in der Kirche derzeit so viel beschworen wird. Und dort, wo Partnerschaftlichkeit und Partizipation gepflegt werden, können tragfähige Beziehungen entstehen. Kulturen, die ganz und gar von patriarchalen oder matriarchalen

Strukturen durchdrungen sind, tun sich bekanntlich mit partizipatorischen Verhaltensweisen sehr schwer. Wie es in solchen Ortskirchen aussieht, wo schon eine säkulare Umgebungsgesellschaft von Auswüchsen wie Machtmissbrauch, Korruption und ähnlichen Übeln durchzogen ist, kann man nur phantasieren.

Noch einmal: Es geht nicht darum, Kulturen zu qualifizieren oder gar abzuqualifizieren – das wäre in der Tat kolonialistisches Verhalten. Aber es darf auch nicht verschwiegen werden, dass es Kultursysteme gibt, die klerikalistisches Verhalten mehr begünstigen als andere. Und die Kraft dieser Kulturen in unserer Kirche einerseits und ihre feste Konsistenz andererseits lassen ein weiteres Mal daran zweifeln, dass Klerikalismus in dieser Kirche wirklich ein Ende finden kann.

15.

Nicht überall ist Glaubenswissen in solchen Mengen eingelagert wie in den katholischen Kulturräumen Indiens. Dafür liefert die Kultur der Philippinen ein gutes Beispiel. Die religiöse Landschaft der Philippinen ist weitestgehend katholisch geprägt – man kann fast sagen: die katholische Kirche ist Staatskirche. Neben verschiedenen starken sektiererischen Gruppen lassen sich aber auch spiritistische und animistische Tendenzen bei den Gläubigen ausmachen. Unter Spiritismus versteht man einen ganz allgemeinen Geisterglaube, bei dem auch Verbindungen zu Toten und Totenbeschwörungen vorkommen. Als Animismus bezeichnet die Religionswissenschaft ein Verständnis einer ,Allbeseeltheit' der Dinge. Solche von den indigenen Bevölkerungsgruppen der Philippinen übernommenen Vorstellungen haben neben der katholischen Glaubenslehre ganz unproblematisch ihren Platz in den Glaubensvollzügen und Glaubenstraditionen von Filipinos eingenommen. Daran haben auch die streng katholischen Spanier, die den Glauben am intensivsten auf den Philippinen verbreitet haben, nicht viel ändern können – daran können auch kirchliche Verantwortliche heute nicht viel ändern.

Im katechetischen Umgang mit Filipinos lässt sich rasch feststellen, dass Glaubensgut keine logische Struktur haben muss, dass es nicht unbedingt reflektiert sein oder eine innere Kohärenz aufweisen muss, um für die Menschen Bedeutung zu haben. Mit vielem, fast ins Synkretistische Abgleitenden mögen die leitenden Vertreter des Christentums auf den Philippinen ihre Mühen haben, der gemeine philippinische Gläubige hat sie nicht. Allem Lehrhaften steht man eher distanziert gegenüber. Tatsächlich spielt beim Glaubensvollzug wie überhaupt im Leben von Filipinos zuerst das Gemeinschaftliche eine Rolle, nicht das Inhaltliche. Der Zusammenhalt in sozialen Strukturen mit allen Konsequenzen ist unglaublich beeindruckend. Zum täglichen Glaubensvollzug reicht die Überzeugung, die mit anderen geteilt wird. Diese vielleicht naiv anmutende Glaubenshaltung ergreift den Filipino in den Tiefen seiner Existenz. Es zählt die Gottesbeziehung, nicht warum sie so ist: Allem Kognitiven begegnet man eben eher mit Skepsis. Die individuelle Verwurzelung im Glauben ist sehr tief und von existentieller Bedeutung. In den Vollzug mischen sich dann auch immer wieder ganz problemlos vor allem spiritistische Tendenzen. Etliche Male habe ich im Pfarrhaus von Abu Dhabi – irgendwo im Treppenhaus oder sonst in einer

Ecke – erlebt, wie Gruppen über einzelne Menschen in exorzismusähnlicher Weise gebetet haben. Als Vertreter einer sehr kognitiv ausgerichteten Glaubensgestaltung hat das auf mich wohl immer wieder befremdlich gewirkt, mich aber auch fragen lassen, ob zu viel Kognition nicht auch irgendwie hinderlich sein kann.

Ein Aspekt hat mich allerdings dann doch wieder sehr zu meiner eigenen Verkopftheit stehen lassen. Es zeigt sich nämlich in der philippinischen Glaubenslandschaft eine ähnliche Schwierigkeit, wie ich sie schon zuvor für indische Gläubige aus hierarchischen Gesellschaftssystemen angedeutet habe. Der Gläubige überlässt die Begründung des Glaubens – also gleichsam den religiösen Think Tank – den Experten, lies einmal mehr: den Priestern. Einmal mehr wird der Priester zum Seelenführer mit herausragender Position. Die Mündigkeit im Glauben und damit eine Selbständigkeit und Freiheit lösen sich zugunsten einer individuell-religiösen, systemfreien Gottesbeziehung zur Verfügung des Priesters auf. Von ästhetischer Bildung keine Spur. Diese Naivität und Einfachheit macht den Glauben wohl sympathisch leicht und verwurzelt ihn zutiefst in der Existenz des einzelnen Gläubigen. Aber sie macht den Gläubigen auch zum Spielball der Religionsvertreter, der Kirchenvertreter, der Priester. Deren Wort gilt – auch wenn es noch so falsch und widersprüchlich sein mag.

Damit ist auch diese Art des Glaubensvollzugs – so beeindruckend sie ist – ein zuverlässiges Einfallstor für Klerikalismus. Wieder haben wir es mit einem Machtgefälle zu tun, wieder wird der Gläubige zum religiösen Untertan. Und wieder gehört dazu: Es stört niemanden. Wie schon im hierarchischen Kultursystem Indiens wird der Herrschaftsanspruch des philippinischen Klerikers als selbstverständlich angesehen und akzeptiert. Wie soll man in einer solchen Glaubenskultur klerikalistische Verhaltensweisen unterbinden?

16.

Meine Beobachtungen über indische und philippinische Gläubige, wie ich sie hier dargestellt habe, sollen beispielhaft sein und Tendenzen aufzeigen. Ich habe diese Beispiele hier genannt, weil ich sie selbst erlebt habe. Mit vielen anderen Kulturen der Welt war ich nicht in Kontakt. Ich gehe aber davon aus, dass sich Situationen, wie hier beschrieben, nicht nur auf den Philippinen und in vielen Teilen Indiens in der katholischen Kirche ereignen. Wo immer Teile der Kirche in patriarchalen oder matriarchalen Herrschaftssystemen daheim sind, entwickeln sich unweigerlich klerikalistische Tendenzen in der Kirche als ein kirchliches Abbild einer Gesellschaft, die nicht partizipatorisch und individuumzentriert funktioniert. Wo Gesellschaftsstrukturen eher freiheitlich-partizipativ ausgerichtet sind, hat es der Klerikalismus eher schwerer. Solche Gesellschaftssysteme müssen nicht notwendigerweise für eine ganze Nation gelten, sondern lassen sich durchaus auch regional ausmachen. Schaut man sich allein innerhalb Deutschlands um, lassen sich recht einfach eher konservativere oder eher liberalere „Ecken" ausmachen. Das gilt dann auch für die Kirche mit ihren klerikalistischen Auswüchsen.

Wohl sollte die Kirche eigentlich eine Alternative sein zu dem, was sonst herrscht. Jesus hat in seiner Abschiedsrede gesagt:

Ich bitte nicht, dass du sie aus der Welt nimmst, sondern dass du sie vor dem Bösen bewahrst. Sie sind nicht von der Welt, wie auch ich nicht von der Welt bin. Heilige sie in der Wahrheit; dein Wort ist Wahrheit (Johannes 17,14–17).

Ja, eigentlich. Die Grundlage für das Leben der Kirche soll sich einzig an Jesu Botschaft ausrichten. Doch die Realität der Kirche stellt sich sehr oft anders dar.

17.

So lässt sich resümieren: Die weiter oben aufgeführten Beobachtungen zur Kirchenferne und Spiritualitätsnähe der Generation Z heutiger Industrienationen, zu klerikalistischen Gläubigen in den Gemeinden sowie auch die beispielhaften Überlegungen zu kirchlichen Situationen in Gegenden wie Indien oder den Philippinen sollen klarmachen: Ob wir den Blick auf die Jugend oder auf deren Eltern oder Großeltern mit deren zunehmenden Schwierigkeiten hinsichtlich einer christlichen Identität werfen oder ob wir unseren Blick über die Situation der katholischen Kirche in Entwicklungs- und Schwellenländern gleiten lassen – alle Situationen in der Universalkirche lassen nicht viel Hoffnung aufkommen, dass der Nährboden für Klerikalismus abgeschafft werden kann. Eher das Gegenteil lässt sich erahnen: Je komplizierter Lebens- und Gesellschaftssituationen werden, je mehr Menschen aus Bildungs- oder sozialen Gründen ihre religiöse Mündigkeit aufgeben, desto mehr spielen Führungspersönlichkeiten in Sachen Glauben eine Rolle im Leben der Menschen.
Natürlich lassen sich für alle hier aufgeführten Beispiele immer wieder auch gute Gegenbeispiele aufzeigen. Gott

sei Dank! Aber sind diese Gegenbeispiele tendenziell stärker? Es geht doch darum, negative Entwicklungen der Vergangenheit zu identifizieren, zu benennen und einen Umgang mit ihnen in der Zukunft zu skizzieren. Das gilt auch dann, wenn breit angelegte Lösungen für die Problematik nicht sehr wahrscheinlich sind. Wir werden diese Kirche nicht umkrempeln können. Dazu gibt es viel zu viele, die an den schon mehrfach zitierten „Flecken und Falten" der Kirche (vgl. Epheser 7,27) auch ihre ganz eigenen Interessen haben und da eigentlich gar nichts glätten wollen. – Aber die Ohnmacht vor der Wirklichkeit darf nicht davon abhalten, diese Wirklichkeit zuerst einmal beim Namen zu nennen.

18.

Apropos Wirklichkeit. Nachdem nun ein wenig klar ist, was für ein schwieriges und unberechenbares Objekt Klerikalismus zu sein scheint, kehren wir doch nochmals von der Basis der Weltkirche an ihre Spitze zurück. In den Augen von Papst Franziskus ist Klerikalismus ja so was wie Lepra oder Pest, hat er gesagt. Zwei Krankheiten, die es nie bis zur vollständigen Ausrottung geschafft haben, die im Leben der Welt noch ganz real sind.[32] So wie es auch mit dem Klerikalismus in der katholischen Kirche ist. Trotzdem stellt sich ja die Frage: Was macht denn eigentlich der Papst selbst gegen Klerikalismus, was kann er machen?

Ziemlich genau fünf Jahre nach dem eingangs zitierten „La Repubblica"-Interview mit Eugenio Scalfari hat Papst Franziskus seine bemerkenswerte Haltung einmal mehr wiederholt – an die Adresse frisch geweihter Mitbrüder im Bischofsamt. Man kann sich vorstellen, wie da die Luft im Saal geknistert haben muss. Diesen Mitbrüdern hat der Bischof von Rom ins Herz und Hirn geschrieben, sich jeglichen Klerikalismus' zu enthalten. Worte, die er zuvor schon in einem klaren Brief am 20. August 2018 an das gesamte Volk Gottes geäußert hatte. Dort heißt es:

> Der Klerikalismus, sei er nun von den Priestern selbst oder von den Laien gefördert, erzeugt eine Spaltung im Leib der Kirche, die dazu anstiftet und beiträgt, viele der Übel, die wir heute beklagen, weiterlaufen zu lassen. Zum Missbrauch Nein zu sagen, heißt, zu jeder Form von Klerikalismus mit Nachdruck Nein zu sagen.[33]

Was hat denn nun der Papst an Ideen gegen Klerikalismus im Kopf, wenn er seine Mitbrüder im Bischofsamt erwählt? Denn: Wenn er Klerikalismus bei Bischöfen bekämpfen will, dann braucht es ja auch hier ein beherztes Eingreifen. Worte reichen nicht. Und es reicht auch nicht nur, darauf zu warten, bis Veränderungen an den Wurzeln, am Fundament der Kirche, also in den Pfarreien, im Volk Gottes greifen und dann schließlich irgendwann einmal auch Auswirkungen bei Kandidaten für das Bischofsamt haben.

Wir finden solch kleine Pflänzchen der Hoffnung wohl: Bischöfe, die die Hoffnung aufkommen lassen, dass es auch anders geht. Und sie tun gut. Bischof Heiner Wilmer von Hildesheim wagt angst- und vorurteilsfrei, den Psychoanalytiker und Autor des Bestsellers „Kleriker. Psychogramm eines Ideals", Eugen Drewermann, einen „Propheten" zu nennen.[34] Damit befindet er sich in einem sehr kleinen Kreis von Kirchenoberen mit ähnlicher Meinung.

Über Machtmissbrauch in der Kirche – also auch über klerikalistisches Verhalten – urteilt Wilmer deutlich:

> Ich glaube, der Missbrauch von Macht steckt in der DNA der Kirche. Wir können das nicht mehr als peripher abtun, sondern müssen radikal umdenken. Bisher aber fehlt es uns an jeglicher Idee, welche Konsequenzen das für die Theologie haben muss.

Damit macht der Hildesheimer Bischof in ähnlicher Weise wie der Bischof von Rom deutlich, dass sich das Thema Klerikalismus nicht mehr mit ‚man müsste, könnte, sollte' abtun lässt. Es berührt die Kirche in ihrem Innersten und es berührt die Substanz des Glaubens, es berührt somit auch die Theologie. Aber das tut weh. Wer will diesen Schmerz, den das Verändern mit sich bringt? Wenn sich nach Wilmer in die kirchliche Erbsubstanz ein genetischer Fehler eingeschlichen hat, dann braucht es gleichsam eine innerkirchliche Stammzellentherapie. Und wer schon einmal auf einer Intensivstation so eine Prozedur gesehen oder gar selbst miterlebt hat, weiß, wie hochriskant so ein Vorgang auch ist.

19.

Und nochmals – die Frage kann nicht oft genug wiederholt werden: Wer sind schließlich all diejenigen, die überhaupt nichts ändern wollen, weil sie vom derzeitigen Machtmissbrauchsdesaster vielleicht ganz gut profitieren? Wir reden doch da von jenen, die Machtstrukturen der Kirche für ihre ganz eigenen Interessen nutzen. Denn Machtstrukturen sind immer missbrauchsanfällig. Es wäre naiv zu meinen, ein intensiver Appell an das christliche Gewissen oder an die Weiheversprechen würde da schon genügen, um alles wieder in ordentliche Bahnen lenken zu können. Und ein paar revolutionäre Bischöfe machen auch noch keinen kirchlichen Frühling. Als im Februar 2019 das schon erwähnte Treffen von Kirchenoberen und Experten zum Thema ‚Missbrauch' stattfand, hielt der Papst am Ende eine 30-minütige Abschlussrede. Darin heißt es:

> Die gottgeweihte Person, die von Gott auserwählt wurde, um die Seelen zum Heil zu führen, lässt sich von ihrer menschlichen Schwäche oder ihrer Krankheit versklaven und wird so zu einem Werkzeug Satans.

Der Teufel scheint sehr oft am Werk zu sein, wenn es schwierig wird in der Kirche.[35] Aber: Kein Wort über Menschen, die von krimineller Energie geleitet Verbrechen begangen haben. Kein Wort davon, dass Kontrolle vonnöten ist. Denn das hätte geheißen, Kontrolle über jene anzukündigen, die des Papstes ärgste Gegner sind. Jene, die ihr Amt nur ausleben können, weil Transparenz in der Kirche eben fehlt.

Am Ende seiner Rede hält der Papst acht Punkte fest, die Beachtung finden müssen, will man dem Thema ‚Missbrauch von Kindern' wirkungsvoll begegnen: Es braucht den Kinderschutz in der Kirche, so der Papst. Es braucht eine absolute Ernsthaftigkeit in der Aufarbeitung, es braucht den Willen zur Reinigung und Heiligung. Die Kandidaten für die Weihe brauchen eine gute Ausbildung, die Bischofskonferenzen den strengeren Blick. Es braucht die Begleitung der Opfer. Schließlich stellt der Papst fest, dass sich Verbrechen nicht nur in der realen, sondern auch in der virtuellen Welt abspielen. Alles zweifelsfrei richtig. – Aber welchen Kleriker – Bischof wie Priester –, der genau weiß, wie seine Machtstrukturen spielen und wie er sie zu gestalten und zu erhalten hat, stören denn solch päpstliche Worte? Nein, Papst Franziskus mag ein Hoffnungsträger sein, aber sein Handlungsspielraum ist begrenzt – das zeigen innerkirchliche Vorgänge immer wieder.

Im März 2019 ist der Erzbischof von Lyon, Philippe Barbarin, zu einer sechsmonatigen Bewährungsstrafe verurteilt worden.[36] Er hatte Missbrauchsfälle vertuscht. Das heißt doch: Kleriker können sich immer wieder darauf verlassen, dass ihr eigenes Machtmissbrauchsverhalten in einer Art gedeckt wird, die selbst wieder wie Missbrauchsverhalten daherkommt. Der Fall im Erzbistum Lyon ist nun öffentlich geworden. Aber wie viele Fälle bleiben unentdeckt?

Im Lyoner Fall kommt für die öffentliche Betrachtung noch erschwerend hinzu, dass Papst Franziskus das Rücktrittsgesuch von Erzbischof Barbarin abgelehnt hat. Dafür mag der Papst seine Gründe gehabt haben. Dass sie aber in der Öffentlichkeit nicht dargelegt, sondern der Spekulation preisgegeben wurden, war der Transparenz des Verhaltens der Kirchenleitung ein weiteres Mal wenig zuträglich. Des Papstes eigene Mitbrüder, die Herausgeber des US-Jesuiten-Magazins „America", sonst dem Bischof von Rom durchaus freundlich gesonnen, haben dann auch sehr kritische Töne angeschlagen und die fehlende Transparenz mit harschen Worten bemängelt.[37]

Mit seinem Motu proprio „Vos estis lux mundi"[38] vom 7. Mai 2019 hat Papst Franziskus infolge des Missbrauchsgipfels Normen erlassen, wie mit Missbrauchsfällen offiziell umgegangen werden muss. Eine härtere Gangart ist da ja durchaus spürbar: Wer vertuscht, macht sich auch innerkirchlich strafbar. So weit das Papier. Es hat aber seine Grenzen. Nämlich dann, wenn es nicht mehr Einzelne sind, die Macht missbrauchen oder Machtmissbrauch decken, sondern ein ganzes Missbrauchssystem besteht, haben solche Schreiben keine Wirkung. – Die Ordensschwestern im indischen Kerala, die einen Bischof der mehrfachen Vergewaltigung bezichtigten, sind wiederholt eingeschüchtert und zum Schweigen gebracht worden.[39] Von ihren Ordensoberen wird ihnen rebellische Haltung vorgeworfen und mit disziplinarischen Maßnahmen werden sie zur Ordnung gerufen. So sieht das aus, wenn der Klerikalismus von Klerikern und Laien sein hässlichstes Gesicht als ein System zeigt und schließlich der kirchliche Machtapparat triumphiert. Statt Wille zur Aufklärung nur Verdunkelung. Hier hilft kein Papier aus Rom mehr, hier ist ein Papst Franziskus mit aller klugen Kirchenpolitik am Ende. Hier kommt alles zu spät.

20.

In vielen Kulturen und Lebensräumen sind Situationen von (sexuellem) Missbrauch ,normal' und gang und gäbe. Das indische National Crime Records Bureau etwa verzeichnet hundert Anzeigen – täglich.[40] Im Jahr 2016 wurde 39.000 Fälle verzeichnet. Dass dann Missbrauchssituationen in dieser Ortskirche auch keine Seltenheit sind oder Situationen darstellen, die tief schockieren, liegt nahe. In diese offensichtliche Faktenlage kann eine Kirchenleitung versuchen einzugreifen. Abstrafungen von fehlbaren Priestern und Bischöfen mögen auf (sehr) lange Sicht zu Verhaltensänderungen bei nachfolgenden Klerikergenerationen führen.

Aber wir dürfen auch nicht übersehen: Die allerwenigsten Situationen von Machtmissbrauch von Klerikern finden mit heruntergelassenen Hosen statt. Klerikalismus ist stubenrein. Juristisch gibt es gegen diese Form von Machtmissbrauch keine Handhabe. Solche Missbrauchssituationen bauen sich subtil auf, ohne dass die Opfer recht merken, in was sie dort hineinschlittern. Langsam entwickelt sich eine anfänglich vielleicht hilfreiche pastorale Beziehung zu einem Abhängigkeitsverhältnis. Und wie oben auch schon geschildert: Längst nicht immer sind die Vorteile einseitig. Wie in jeder Abhängigkeit gibt es auch hier durchaus die Momente der Entspannung und des anscheinenden Wohlbefindens für das Missbrauchsopfer. Aber dieses Heil, was da vermittelt wird, ist kurzfristig und ganz und gar nicht nachhaltig. Damit widerspricht solches ,pastorales‘ Verhalten völlig dem kirchlichen Verkündigungsauftrag, den jeder Kleriker hat. Und diese Feststellung gilt universal – für die Kirche in jeder Kultur.

21.

Kommen wir zurück: Was kann der Papst jetzt tun? Ich befürchte, nicht viel. Als Oberhaupt der katholischen Kirche ist man wohl in Fragen des Glaubens und der Moral unfehlbar, in Sachen Klerikalismus anscheinend aber weitestgehend machtlos. Und so, wie dieser Papst in seinem Pontifikat erscheint, ist es für ihn sicherlich eine Niederlage. Viel zu glaubwürdig ist sein persönliches Einschreiten gegen Klerikalismus, gegen jede Art von Machtmissbrauch in der Kirche. Die oben angeführten Zitate leidenschaftlicher Worte geben ein beredtes Zeugnis davon. Aber es wird für die Leitung der Kirche nicht damit getan sein, leidenschaftlich Stellung zu beziehen oder Papiere zu erlassen. Es muss an die DNA der Kirche gehen, wie Bischof Wilmer das ins Bild gefasst hat. Es müssen die innerkirchlichen Voraussetzungen für Machtmissbrauch genommen werden. Überall dort nämlich, wo die Kontrolle von außen, der Zwang zur Transparenz, fehlt, wird der Machtmissbrauch bunte Blüten treiben – und ganz offensichtlich ist dann klerikalistisches Verhalten davon nur der Anfang. Und es liegt an der Kirche selbst, die Voraussetzungen zur Veränderung zu gestalten. Das funktioniert nur, wenn in dieser Kirche Menschen am Werk sind, die ihren Willen zu dieser Veränderung gegen alle Versuchungen, die sich immer wieder bieten, durchsetzen. Ein Mammut-Projekt.

Der Trierer Bischof Stephan Ackermann fordert dazu eine Gewaltenteilung in der Kirche:

> Macht muss kontrolliert und geteilt werden.[41]

Das klingt schon mal sehr gut. Aber Systeme von Gewaltenteilung haben auch zur Grundlage, dass die einzelnen Organe frei und unabhängig voneinander sind. Wie soll das in der katholischen Kirche ohne sehr tiefe, gar fundamentale Veränderungen gehen? Wer will diese Veränderungen durchführen? Es erinnert an die Frösche, die beschließen, ihren Teich trockenzulegen. Und dann: Partizipatorisches Verhalten auch in rudimentärsten Ansätzen, auf nichts anderes läuft Gewaltenteilung hinaus, will gelernt sein. Was macht denn die Weltkirche mit ihren Ortskirchen, in denen ‚Partizipation‘ ein Fremdwort ist? In denen das Bewusstsein für die hier diskutierten Problematiken gar nicht vorhanden ist? Wo man vielleicht froh darüber ist, dass man in der hier beschriebenen Misere frank und frei leben und agieren kann?

2. Klerikalismus – Ein Selbstversuch

Ich bin Priester und damit klebt das Thema ‚Klerikalismus' ganz automatisch auch an meiner eigenen Haut. Wenn der Papst kritisch über Klerikalismus spricht, dann spricht er auch zu mir. Die folgenden Ausführungen skizzieren ein wenig, wie ich mich dem Thema angenähert habe, oder vielmehr Erfahrungen, wie das Thema auf mich zugekommen ist. Ich beschreibe einmal mehr völlig subjektiv. Ich stelle Momente dar, die auf mich eingewirkt haben, und wie ich versucht habe, mit diesen umzugehen.

1.

Mein Wunsch, Priester zu werden, ist daheim recht kritisch betrachtet worden. Da ich mich mit dem Gedanken schon relativ früh befasst habe, gab es für diese kritische Auseinandersetzung auch reichlich Zeit. Ich bin meinen Berufungsweg nicht gerannt, sondern langsam abgeschritten. Jeder Schritt war gut überlegt, weil ich zu Hause und unter Freunden immer wieder viele Fragen beantworten musste. Genau das war letztendlich sehr hilfreich.

Ich bin nach meinem Abitur in das Konvikt, das Studienhaus der Priesteramtskandidaten meiner Heimatdiözese, eingezogen. Ich war 20 Jahre alt, durch und durch geprägt von der Jugendarbeit in der katholischen Pfadfinderschaft, enthusiastisch, motiviert und freiheitsliebend.

Mein freiheitliches Denken war vor allem in der Gymnasialzeit massiv provoziert und gefördert worden von meiner gymnasialen Klassenlehrerin, Atheistin, zwischenzeitlich Mitglied der Deutschen Kommunistischen Partei (hieß es jedenfalls gerüchteweise in der Schule). Ihr verdanke ich auf meinem Weg zum Priesteramt sehr viel – viel mehr, als ihr vermutlich lieb ist.

Nun stand ich also an diesem Novembertag zum ersten Mal inmitten der Kommunität von Priesteramtskandidaten. Wir feierten zusammen den Gedenktag des hl. Karl Borromäus – noch heute, fast 30 Jahre später, sind diese Bilder des Anfangs in meinen Erinnerungen lebendig. Zum Zeitpunkt meines Studienbeginns fand ich Studieren zunächst auch noch höchst unattraktiv. Wenn das Priesteramt ein Lehrberuf ohne zu viel Stunden über Büchern gewesen wäre, hätte ich das vermutlich sehr begrüßt. Heute nach vielen Begegnungen mit Kirchenleuten mit zweifelhafter Ausbildung kann ich über so viel jugendliche Naivität nur den Kopf schütteln. – Irgendwie habe ich aber das erste Studienjahr ganz gut hinbekommen – zumindest, was das Universitäre betrifft.

Das Kollegleben hingegen war eine große Herausforderung. Ich hatte das Gefühl, dass das, was zuvor an elterlicher Fürsorge daheim so allmählich zu viel des Guten geworden war, die Ordensschwestern im Kolleg sowie dessen Direktor unbarmherzig nahtlos weiterführten. Das Leben entdecken mit all seinen Facetten, auf eigenen Füßen stehen mit allem, was dazugehört: Fehlanzeige. Mein Wunsch, Priester zu werden, schmolz dahin wie Wachs in der Sonne. Früh in meinem nachschulischen Leben erkannte ich den hohen Preis, den ich für meinen lang gehegten Berufswunsch zahlen sollte. Ich verließ bald das Seminar und gab den Priesteramtskandidatenstatus auf. Fortan hatte ich meinen eigenen Haushalt und mein eigenes Leben. Ich führte mein Theologiestudium an derselben Universität fort und schloss mich dem Bewerberkreis meiner Heimatdiözese (Institution für Theologiestudierende auf dem Weg zum Beruf des Pastoralreferenten/der Pastoralreferentin) an. Dieser Kreis von Studierenden war der Hochschulgemeinde der Universität angeschlossen, wo ich schnell spirituelle und soziale Heimat fand. In der Hochschulgemeinde waren Aufatmen und Entwicklung möglich. Hier wurden beim Mittagessen nicht Mariendogmen oder Bischofsstuhlbesetzungen diskutiert. Hier ging es um Themen des Lebens, des Alltags. Ich traf auf Menschen, die neben den Vorbereitungen der Hochschulgottesdienste auch noch Kochrezepte austauschten oder auf Sonderangebote im Supermarkt hinwiesen, die für Beziehungsprobleme Rat suchten oder Finanzthemen diskutierten. Kurzum: Ich traf auf das ganz normale Leben. Und auf einen Hochschulpfarrer, der all das massiv gefördert hat. – Ich kostete die Freiheit der Kinder Gottes:

> Zur Freiheit hat uns Christus befreit. Bleibt daher fest und lasst euch nicht von neuem das Joch der Knechtschaft auflegen (Galater 5,1).

Eigentlich absolut nichts Spezielles für einen Twen, der gerade zu Hause ausgezogen war und sein Leben in die Hand genommen hatte. Für einen Priesteramtskandidaten aber wäre damals so ein Leben als skandalös angesehen worden – das wurde mir schnell aus dem ehemaligen Umfeld des Studienkonvikts klargemacht.

2.

Mein privates wie auch mein Studentenleben spielte sich
fortan ab wie so manches Studentenleben auch. Ich hatte meine kleine Bude und ging neben dem Studium eh-
renamtlichen Tätigkeiten in der Pfadfinderschaft sowie in
der Hochschulgemeinde nach. Neben dem Studium ver-
silberte ich zudem meine Pflegekenntnisse aus dem Zivil-
dienst durch Tätigkeiten im Krankenhaus und später in der
häuslichen Krankenpflege. Ich tat dies wie so viele andere
Kommilitoninnen und Kommilitonen auch.

In einem der nächsten Semester übernahm ich die Leitung einer bundesweiten Initiative von Studierenden, die
sich auf den Beruf des Pastoralreferenten/der Pastoralreferentin vorbereiteten. Ich hatte Kontakte in die Bewer-
berkreise aller deutschen Bistümer und arbeitete zugleich
eng mit dem Vorstand der deutschen Seminarsprecherkon-
ferenz zusammen. Noch heute erinnere ich mich an die
gemeinsamen Konferenzen von Laientheolog/inn/en und
Priesteramtskandidaten. Interessante Erfahrung bei diesen
Treffen: Es brauchte für gewöhnlich nur Sekunden, um
bei den männlichen Konferenzteilnehmern anhand von
Verhaltensbeobachtungen herauszufinden, ob da ein Seminarist oder ein Laie vor einem stand. Eine tiefschwarze
Kleidung oder gar das schon in mancher Diözese von Seminaristen getragene Kollar verkürzte die Entscheidungs-
zeit noch einmal wesentlich. Es lässt sich einfach nicht von
der Hand weisen: Seminarleben prägt individuelles Verhalten und Auftreten überdeutlich, und das nicht nur auf
eine der persönlichen Entwicklung zuträgliche Weise. Es
waren dann auch die kleinen Anstandslosigkeiten der Seminaristen, die oft so negativ auffielen. Das reicht von feh-

lenden kleinen Aufmerksamkeiten im täglichen Leben über Tischsitten bis hin zu Verhalten gegenüber Konferenzteilnehmerinnen. Die immer wieder beschworene „Kultur der Achtsamkeit" schien mir in manchem deutschen Seminar tatsächlich nicht mehr als eine gute Idee zu sein. Je jünger die Kommilitonen aus den Seminaren waren, desto stärker oftmals die negative Verhaltensausprägung. Und es gab dazu auch noch deutliche Unterschiede zwischen den einzelnen deutschen Diözesen. Ich weiß: Das ist pauschal. Es gab auch die anderen, äußerst angenehmen Seminaristen – so wie es die äußerst unangenehmen Laientheologen gab. Und sicher gab es auch den einen oder die andere, die mich nicht riechen konnte.

Am Ende meiner Studien entschied ich mich, dem Beispiel eines Studienfreundes zu folgen, der zwei Jahre zuvor als Laientheologe in die Schweiz gezogen war. Ich erinnere mich noch gut daran, wie er nach seinem Bewerbungsgespräch in der Schweizer Gemeinde davon erzählte. Für deutsche Ohren beschrieb er damals den Vorhof des Paradieses. Laientheologinnen und Laientheologen, die ‚gleichberechtigt' mit Priestern in Gemeinden arbeiten. Ausgestattet mit verschiedenen Gaben, eingebettet in den einen „Leib Christi", die Kirche:

Nun aber hat Gott jedes einzelne Glied so in den Leib eingefügt, wie es seiner Absicht entsprach. Wären alle zusammen nur ein Glied, wo bliebe dann der Leib? So aber gibt es viele Glieder und doch nur einen Leib. Das Auge kann nicht zur Hand sagen: Ich bin nicht auf dich angewiesen. Der Kopf kann nicht zu den Füßen sagen: Ich brauche euch nicht. Im Gegenteil, gerade die schwächer scheinenden Glieder des Leibes sind unentbehrlich (1 Korinther 12,18–22).

Schon 1965 hatte das II. Vatikanum dazu festgehalten:

Als Teilnehmer am Amt Christi, des Priesters, Propheten und Königs, haben die Laien ihren aktiven Anteil am Leben und Tun der Kirche. Innerhalb der Gemeinschaften der Kirche ist ihr Tun so notwendig, dass ohne dieses auch das Apostolat der Hirten meist nicht zu seiner vollen Wirkung kommen kann. Denn wie jene Männer und Frauen, die Paulus in der Verkündigung des Evangeliums unterstützt haben (vgl. Apostelgeschichte 18,18.26; Römer 16,3), ergänzen Laien von wahrhaft apostolischer Einstellung, was ihren Brüdern fehlt; sie stärken geistig die Hirten und das übrige gläubige Volk (vgl. 1 Korinther 16,17–18).[42]

Eine solche pastorale Partnerschaft, wie sie das Dekret des II. Vatikanischen Konzils beschreibt, war in Deutschland in den 1990er Jahren eher unüblich. Die Laien waren hier noch enterbt, wie Leo Karrer das beschreibt – ihre Stunde hatte noch nicht geschlagen.[43] Auch in diesem Fall gab es Unterschiede zwischen den Diözesen – solche, die weiter waren, bildeten aber doch eher die Ausnahme. So war es dann nicht überraschend, dass in vielen deutschen Diözesen zum ausgehenden 20. Jahrhundert das Interesse an Laientheologinnen und Laientheologen zunächst auch weiter zurückging – zusammen mit den finanziellen Möglichkeiten. Ein weiteres Thema, das von uns Studierenden sehr aufmerksam verfolgt wurde, war die Möglichkeit der Predigt durch Laien. In den meisten Diözesen Deutschlands war dies in den 1990er Jahren – und ist bis heute – nahezu kein Thema. Zwar hatte die Gemeinsame Synode der Bistümer in der Bundesrepublik Deutschland („Würzburger Synode") beschlossen, dass die Predigt durch nicht geweihte Männer und Frauen möglich sein kann, aber nur, wenn ein Priester wirklich nicht zu bekommen ist:

> Es ist notwendig, dass in den Bistümern und Gemeinden das Verantwortungsbewusstsein aller Gläubigen für eine Bezeugung und Vermittlung des Glaubens geweckt und gefördert wird. Auch eine Beteiligung an der Verkündigung im Gottesdienst in den Formen des Glaubenszeugnisses und der Predigt mit ausdrücklicher Beauftragung, in außerordentlichen Fällen auch in der Eucharistiefeier, wird gutgeheißen.[44]

Die Dehnbarkeit dieser Feststellung ist offensichtlich und wurde schließlich zu Ungunsten der Laienpredigt ausgelegt. In der Schweiz hatte sich hingegen die Tradition der Predigt durch nicht geweihte Theologinnen und Theologen schon länger etabliert. Im Jahr 2005 haben die Schweizer Bischöfe dazu festgehalten:

> Die angemessene und auf die Bedürfnisse der Gläubigen abgestimmte Verkündigung des Gotteswortes setzt eine längere und sorgfältige Vorbereitung voraus [...]. Damit dieses Erfordernis erfüllt werden kann und um die immer weniger und älter werdenden Priester in dieser Hinsicht etwas zu entlasten, sind wir damit einverstanden, dass entsprechend ausgebildete und vorbereitete Pastoralassistenten und -innen, welche mit bischöflicher Beauftragung (Missio canonica) im Seelsorgedienst stehen, [...] ein auf den Gottesdienst abgestimmtes Predigtwort oder eine Meditation halten.[45]

Mir ist bewusst, dass die Diskussion zum Thema „Laienpredigt" hier nur angerissen und unvollständig wiedergegeben werden kann. Doch geht es mir weniger um eine umfassende Erörterung von Fakten und Diskussionen als vielmehr um die Darstellung von Atmosphäre in der jeweiligen Ortskirche. Und Atmosphäre ist ein wesentliches Element grundsätzlicher kirchlicher Befindlichkeit. So kam die Situation der Schweiz Mitte der 1990er Jahre mit deutschen Augen betrachtet dem Himmel gleich – auch wenn sie davon sehr weit entfernt war und ist: Jedes Kind weiß, dass das Paradies keine irdische Größe ist. Dennoch machten die Erzählungen des Studienfreundes einen großen Eindruck.

3.

Am Anfang einer Einstellung in einer Gemeinde in meiner Schweizer Diözese stand damals eine Bewerbung. Weder ein Gespräch mit einem Bischof noch mit einem Generalvikar oder sonst einem Kirchenoberen. Das galt zunächst einmal für all jene, die von außen kamen, und das änderte sich, wenn man einmal im Schweizer Kirchensystem drin war. Mein Weg führte von einer Stellen-Annonce in der „Schweizer Kirchenzeitung" über ein Bewerbungsschreiben zu einem Bewerbungsgespräch in meiner ersten Schweizer Pfarrei.

Bei diesem Bewerbungsgespräch – wie bei all jenen späterer Stellenwechsel auch – waren die Verantwortlichen der Kirchenpflege (Kirchenvorstand) sowie der Pfarrer (oder später Gemeindeleiter) zugegen. Es war ein Bewerbungsgespräch, wie man es sich in einer Firma genauso vorstellt. Ich war schwer beeindruckt.

Erst später habe ich benennen können, was denn gefühlt so ganz anders im Vergleich zu deutschen Erfahrungen gewesen ist. Und es ist dieses Gefühl, das die wesentlichste Rolle spielte. Es ging weniger zuerst darum, welche Strukturen diese Kirche ausmachten, was sie so alles tat, welche Aktionen auf ihren Aushängeschildern standen, sondern vielmehr, welchen Geist sie verbreitete. – Wenn wir ein Haus betreten, wo wir zum Essen eingeladen sind, dann ist doch nicht das Erste, was wir wahrnehmen, das gelungene Essen. Auch wenn das die Hausfrau oder der Hausmann vielleicht gerne hätte. Was uns zunächst auffällt: Wie riecht es, was hört man, fühle ich mich wohl? Und wie heißt es so schön: Für diesen ersten Eindruck gibt es keine zweite Chance. Es sei erinnert, wie das war, als Jesus einst einmal bei seinen Freunden Maria, Marta und Lazarus eingekehrt ist:

> Eine Frau namens Marta nahm ihn gastlich auf. Sie hatte eine Schwester, die Maria hieß. Maria setzte sich dem Herrn zu Füßen und hörte seinen Worten zu. Marta aber war ganz davon in Anspruch genommen zu dienen. Sie kam zu ihm und sagte: Herr, kümmert es dich nicht, dass meine Schwester die Arbeit mir allein überlässt? Sag ihr doch, sie soll mir helfen! Der Herr antwortete: Marta, Marta, du machst dir viele Sorgen und Mühen. Aber nur eines ist notwendig. Maria hat den guten Teil gewählt, der wird ihr nicht genommen werden (Lukas 10,38–42).

Es ist zweifelsfrei richtig: Wenn Marta das Haus und vor allem die Küche nicht ordentlich bestellt hätte, hätte Jesus hungrig am leeren Tisch gesessen. Dass Arbeit am und im Haus sein muss, die eine gute Ordnung und einen reibungslosen Betrieb bewirkt, ist fraglos. Dass ein Haushalt Strukturen und Abläufe haben muss, ist unbestritten. Aber in dieser Szene macht Jesus klar, worauf es ihm zuerst und vor allem ankommt: dass der Geist im Haus stimmt. Was nützt es, wenn alles und jeder im Haus glänzt und glitzert, aber nichts ausstrahlt? Jeder Haushalt, der nur perfekt organisiert, aber lieb- und seelenlos oder gar abstoßend ist, gleicht einem Friedhof. Das gilt für das Haus von Maria, Marta und Lazarus, das gilt auch für das Haus Gottes. Und je mehr das Haus Gottes in unserer Zeit um Anerkennung und auch um Glaubwürdigkeit zu kämpfen hat, umso wichtiger ist es, dass zuerst ein Geist weht und wirklich spürbar ist, der der „Sache Jesu" gemäß ist. Dieser Geist fällt nicht vom Himmel, er ist das Ergebnis eines ständigen Mühens.

So war es für mich, als ich zum ersten Mal bei der Schweizer Kirche einkehrte. Da war eine Atmosphäre, die stimmte, und diese Atmosphäre war auch massiv von der Art und Weise bestimmt, wie alle miteinander umgingen. Was vor allem auffällig war, lässt sich vielleicht als ‚flache' oder ‚kollegiale Hierarchie' bezeichnen. Der Pfarrer der Gemeinde, der allerdings als ehemaliger Generaloberer seines Ordens eh schon mit guten diplomatischen Fähigkeiten ausgestattet war, fügte sich mit seinen Vorstellungen von meinem und Ansprüchen an meinen Dienst in die Bewerbungssituation ein und überließ ansonsten das Prozedere dem Personalverantwortlichen der Kirchenpflege, der als Geschäftsinhaber und Ausbilder von Lehrlingen sicher die größeren Kompetenzen in Sachen Personalangelegenheiten hatte. Auch der Generalvikar machte im Gespräch mit mir deutlich, wie eng das Bewerbungsverfahren zusammen mit der Kirchenpflege in der Gemeinde ablaufen würde. – In der ganzen Situation war recht offensichtlich, dass Kompetenzen weder nach Weihegrad verteilt waren noch dementsprechend beansprucht wurden. Im Fall dieser ersten Bewerbung war der Pfarrer wohl der Leiter der Gemeinde und somit mein zukünftiger Chef und auch der Generalvikar war der Vertreter des Bischofs für die Kirche im Kanton. Zugleich aber war die Kirchenpflege die anstellende Behörde und damit Geldgeber und Versorgungsträger.

Für mich deutschen Laien war das fremd und wohltuend zugleich. Ich bekam das Gefühl, dass in diesem Bewerbungsverfahren jede und jeder nur tat, was er und sie konnte, und niemand etwas beanspruchte, wozu er nicht fähig war. Nur weil er geweiht war. – Ich habe es später auch ganz anders erlebt: Nichtgeweihte, die taten, wozu sie nicht kompetent waren, und Kleriker, die meinten, durch Weihe mit einer endlosen Fülle von menschlichen wie fachlichen Kompetenzen ausgestattet zu sein. Dies aber war meine erste Berührung mit dem Schweizer dualen System, und diese Erfahrung tat sehr gut. Und sie war daher natürlich auch prägend für meine weitere berufliche Zukunft. Dieses duale System in den Kantonen der Schweiz, wo es existiert, ist darauf angelegt, ein System von „Checks and Balances" zu sein, das Machtmissbrauch und schlechte Einflüsse auf die Absicht der Kirche als Nachfolgegemeinschaft Jesu zu unterbinden versucht. Es klappt längst nicht immer. Eine Menge Konjunktive schwingen hier mit, und in der Tat kommt es in der Frage, ob das System funktioniert, sehr auf den Willen, die guten Absichten und die Fähigkeiten der Leute an den Nahtstellen an. Wie das immer so ist in partizipativen Systemen.

4.

Nun ist es wohl Zeit, dieses Kirchensystem ein wenig näher zu erläutern. Wenn ich das im Kontext der deutschen Kirche – bei Freunden oder Kirchenleuten – tue, ernte ich immer wieder höchst unterschiedliche Reaktionen. Sie reichen vom neidischen Erstaunen bis zum blanken Entsetzen, das sich dann für gewöhnlich mit der Frage paart, ob die katholische Kirche in der Schweiz denn wirklich noch richtig katholisch sei. Da diese Frage auch hin und wieder bei Schweizer Kirchenoberen durchscheint, dürfen sich so Fragende also durchaus in bester Gesellschaft wähnen. Aber ja: Schweizer Katholiken und Katholikinnen sind wirklich katholisch, vielleicht nicht zuerst römisch. Aber durchaus auch.

Das Schweizer Kirchensystem lässt sich nicht losgelöst vom allgemeinen Charakter der Schweizer Gesellschaft verstehen. Wie das immer so ist mit der Kirche in ihrer Umgebungsgesellschaft. Ein Bonmot mag zunächst einmal das Wichtigste der Schweizer Situation auf humoristische Weise ein wenig erhellen:

Drei Buben – ein Franzose, ein Deutscher und ein Schweizer – diskutieren die Frage, woher denn die kleinen Babys kommen. Der Franzose erklärt das charmant: ‚Das liegt an der Erotik.‘ Der deutsche Junge sagt bestimmt: ‚Bei uns bringt der Storch die Babys.‘ Und dann der Schweizer Bub – nachdenklich den Kopf wiegend: ‚Also, bei uns ist das von Kanton zu Kanton verschieden …‘

Wie auch immer. Sicher ist aber hingegen, dass das Verhältnis der katholischen Kirche zum Staat von Kanton zu

Kanton – wenn auch oft nur gering – verschieden ist. Ich beziehe mich hier in erster Linie auf den Kanton Zürich, mit dessen Kirchenluft ich am besten vertraut bin.

Für dieses Verhältnis zwischen Staat und Kirche in Zürich wie auch in den anderen Kantonen ist oft der Begriff ‚Kantonalkirche' zu hören, der fälschlicherweise meinen lässt, dass die katholische Kirche in jedem Kanton eine dem Staat angegliederte Nationalkirche sei – etwa der Anglikanischen Kirche im Commonwealth ähnlich. Das ist falsch. Daher ist heute auch eher die Rede von der „römisch-katholischen Kirche im Kanton X". Diesem Verhältnis liegt eine öffentlich-rechtliche Anerkennung der Kirche zugrunde, die durch den Willen des Volkes, also durch Abstimmung, geschehen ist. Genau diese nachreformatorische Anerkennung der römisch-katholischen Kirche charakterisiert ihre heutige Situation in vielen Kantonen, die für die Kirche wohl einmalig in der Welt ist. Grob lässt sich sagen, dass die römisch-katholische Kirche im Kanton Zürich für ihre Anerkennung den strukturellen Grundzügen der reformierten Kirche folgen musste. Diese Grundzüge sehen demokratische Vollzugselemente auf allen Ebenen der Kirche vor. Ein scheinbarer Widerspruch zur Struktur der römisch-katholischen Kirche, den es zu lösen galt und gilt.

Für den Kanton Zürich ist diese Situation im „Gesetz über das katholische Kirchenwesen" vom 7. Juli 1963 geregelt.[46] An diesem Tag hat das Stimmvolk im Kanton Zürich die Anerkennung der römisch-katholischen Körperschaft als Körperschaft des öffentlichen Rechts beschlossen, deren Wesen das genannte Gesetz regelt. Mit der Annahme dieses Gesetzes musste die römisch-katholische Kirche im Kanton Zürich sowohl nach kirchlichen wie auch nach staatlichen Richtlinien strukturiert werden – dual („zweigleisig") eben. Nach diesem Kirchengesetz von 1963 §4 wird als

> Mitglied der römisch-katholischen Körperschaft [...] jeder auf Grund der kirchlichen Ordnung der römisch-katholischen Konfession angehörende Kantonseinwohner betrachtet, der nicht ausdrücklich seinen Austritt oder seine Nichtzugehörigkeit erklärt hat.

Das heißt im Klartext: Als katholisch Getaufter oder Getaufte ist man Pfarreimitglied, als katholischer Bürger oder katholische Bürgerin der Schweiz Kirchgemeindemitglied. – Inzwischen sind auch Ausländer verschiedener Nationalitäten als Kirchgemeindemitglieder anerkannt.

Die öffentlich-rechtliche Körperschaft der römisch-katholischen Kirche umfasst staatskirchenrechtliche Organe auf der Ebene der Kirchgemeinde (Kirchenpflege und Kirchgemeindeversammlung) sowie auf der Ebene des Kantons (Synodalrat und Synode), deren Mitglieder alle gewählt sind. Die Geschäfte dieser kirchlichen Behörden sind alles, was nicht Innerkirchliches, wie etwa die Pastoral oder Liturgie, betrifft. Denn das regelt gemäß diesem Kirchengesetz die Kirche selbst. Und nun eine herausragende Besonderheit in diesen gesetzlichen Bestimmungen, die außerhalb der Schweiz immer wieder für das größte Staunen sorgt – sie findet sich für den Kanton Zürich im Kirchengesetz im Paragraph 16 formuliert:

> Jede römisch-katholische Kirchgemeinde wählt einen oder mehrere Pfarrer auf Amtsdauer.

Und besoldet ihn auch. Inzwischen fallen unter diese Bestimmung auch alle nicht geweihten Gemeindeleiter. Praktisch heißt das für Pfarrer und Gemeindeleiter im Kanton Zürich (und in den Kantonen mit ähnlicher Gesetzgebung): Ein Kandidat wird (in Abstimmung mit dem Bischof) von der Kirchenpflege zur Wahl vorgeschlagen, von der Kirchgemeindeversammlung gewählt, vom Bischof beauftragt, von der Kirchgemeinde besoldet. Da mag sich mancher erstaunt die Augen reiben und fragen: Ja, wo bleibt denn hier das Verfügbarkeitsrecht des Bischofs? Pauschal lässt sich das kurz – wenn auch nicht völlig zutreffend – so beantworten: auf der Strecke. Tatsächlich ist dieses System darauf angelegt, dass alle, die darin Verantwortung tragen, dies in einem sehr vorsichtigen Miteinander tun müssen. Wer sich autoritär durchsetzen will, sorgt automatisch für Konflikte. Auch dafür gibt es einen bunten Strauß an Erfahrungen.

Dieses Kirchengesetz, das den synodalen Strukturen der reformierten Kirche folgt, formuliert hohe Ansprüche an die Flexibilität einer hierarchisch verfassten römisch-katholischen Kirche. Aber das bedeutete 1963 nicht den Untergang für diese Kirche, und bis heute ist das Schiff der Kirche in den Schweizer Kantonen durch diese Situation sehr anständig durchgekommen. Natürlich ist die Situation eine Herausforderung, vor allem im weltkirchlichen Kontext. Aber vielleicht kann diese Kirchensituation für die Weltkirche auch ein paar Ideen parat halten, wenn es um negative Auswüchse wie etwa den Klerikalismus geht.

Natürlich gab und gibt es auch die kritischen Stimmen zu diesem System[47] – das ist nicht verwunderlich. Aber im Zuge einer Schweizer Kultur des Konsenses haben sich solche Korrekturversuche Einzelner weitestgehend totgelaufen. Sie werden immer mal wieder laut, und das ist sicher auch wichtig so, damit die Kirche in der Schweiz nicht vergisst, dass jenseits ihrer Landesgrenzen andere Verhältnisse herrschen. Es braucht diese Stimmen, damit die Kirche ihre Situation immer wieder neu bedenkt und nicht im gemachten Nest einschläft. Dieses Nest braucht Pflege, vor allem die Pflege der guten Beziehungen zwischen allen Beteiligten.

Andererseits wird dieses System von der Schweizer Bevölkerung seit etlichen Jahrzehnten wohlwollend unterstützt: Eine schweizweite Abstimmung zur Trennung von Staat und Kirche ist 1980 gescheitert. Als 2014 die Jungliberalen im Kanton Zürich eine Vorlage zur Abstimmung brachten, die die Kirchensteuer für Unternehmen abschaffen wollte, ist auch das in Bausch und Bogen verworfen worden. Momentan stehen die Schweizer zur Verfasstheit ihrer staatskirchenrechtlichen Struktur – unabhängig davon, ob sie Kirchenmitglieder sind oder nicht.

Der kleine Ausflug in die Rechtsgeschichte der Kirche in der Schweiz und vor allem des Kantons Zürich mag zunächst weniger der juristischen Erhellung dienen. Dazu sind die Ausführungen ein wenig knapp und die Leserschaft muss sich bei einem größeren Interesse auf die Suche nach mehr Informationen machen. Mir geht es vor allem darum, die strukturellen Hintergründe einer allgemeinen Kirchensituation aufzuzeigen, die am Ende auch die schon öfters genannte Kirchenbefindlichkeit bewirkt. Es ist die Befindlichkeit einer Kirche in einem liberalen Staat, die sich auf jeden auswirkt, der dort mitmacht – ob beruflich oder ehrenamtlich, spielt dann keine Rolle mehr. Und wie schon gesagt: Diese Auswirkungen sind nicht nur positiv – all die kritischen Stimmen zum dualen

Kirchensystem im liberalen Staat dürfen nicht einfach so unter den Teppich gekehrt werden. Sie müssen laut sein dürfen, wobei ihr oftmals reichlich polemischer Ton wenig hilfreich ist. Doch stimmt die Marschrichtung: Was dieses Kirchensystem unterstützt, ist das, was die Kirche so dringend braucht: die in Freiheit lebenden Kinder Gottes. Dass Freiheit immer mit Verantwortung gepaart sein muss, ist klar. Wo Verantwortung herrscht, da wird Macht nicht missbraucht, sondern eingesetzt zum Wohle derer, die einem anvertraut sind. Je größer der Raum der Freiheit wird, desto mehr sind jene gefordert, die Freiheit verantwortlich gestalten wollen oder müssen. Und dabei geht immer wieder auch jede Menge schief, das kann gar nicht ausbleiben. Und es gibt auch immer wieder solche, die sich in zu viel Freiheit verlieren und schließlich nach starken Führungspersönlichkeiten suchen. Dennoch stellen diese Ausreißer das System grundsätzlich nicht in Frage.

5.

In eine solche Situation hinein habe ich mich also als Laientheologe beworben. Als ich im Sommer 1997 mit meinem Hab und Gut vor der Tür meiner neuen Heimat stand, war da eine äußerst positive Grundstimmung. Das lag zu einem guten Teil auch daran, dass mir von überallher klargemacht wurde, dass man einen neuen Mitarbeiter erwartet, dem man etwas zutrauen möchte und der nicht in den Schatten der Kleriker einer Gemeinde gehört.

Dieses Grundgefühl habe ich persönlich während meiner Ausbildung in Deutschland durchaus vermisst. Was nicht heißt, dass es das überhaupt nicht gibt. Immer wieder haben mir Freundinnen und Freunde von ihrem glücklichen pastoralen Alltag erzählt. – Dass es und wie es anders sein kann, fällt erst auf, wenn es dann tatsächlich mal anders ist. Anders sein bedeutet nicht automatisch besser sein. Aber wenn die Situation mal verschieden daherkommt, regt das zum Reflektieren an. So jedenfalls erging es mir vor über 20 Jahren mit meinem Wechsel in die Kirche der Schweiz. Heute hat sich die Situation in den deutschsprachigen Ländern durchaus stark verändert, und das liegt eben auch an einem gravierenden Mangel an Priestern. Die echte Wertschätzung gegenüber nicht geweihten Mitarbeiterinnen und Mitarbeitern ist gewachsen. Allerdings bleibt irgendwie auch ein fader Beigeschmack, wenn dies nur aus der puren Not des Mangels heraus geschieht.

Auf der anderen Seite hat sich auch in verschiedenen Schweizer Diözesen ein Klerikalismus breitgemacht, der oft mit einer gewissen Panik unter Klerikern erklärt wird. Vor allem jüngere Kollegen fragen sich, was denn nun der Unterschied zwischen einer Berufung zum Priester und der Berufung zum nicht geweihten Dienst ist, wenn in der Praxis die tägliche Arbeit ähnlich ist. Ich erinnere mich an ein Projekt eines Jugendtreffens, das von einem Team, das aus geweihten und nicht geweihten Seelsorgern verschiedener Gemeinden bestand, geleitet wurde. Ich war zu der Zeit schon einige Jahre als Pastoralassistent (Schweizer Pendant zum deutschen Pastoralreferenten) im Dienst. Dazu fragten wir einmal einen jungen Priester, der im Ruf stand, nicht unbedingt gern mit Nichtgeweihten zusammenarbeiten zu wollen, an, ob er mitmachen wolle. Er stimmte zu und die Zusammenarbeit war sehr gut – konstruktiv und harmonisch. Einige Zeit später dann staunten vor allem wir nicht geweihten Mitarbeiter dieses Teams nicht schlecht, als dieser Priester sich vom Bischof die Erlaubnis geben lassen wollte, die in den Gemeinden übliche Zusammenarbeit zwischen geweihten und nicht geweihten Seelsorgern in der Liturgie zurückweisen zu dürfen. Aufgrund der guten Zusammenarbeit in dem Projektteam fühlte ich mich ermutigt, das Gespräch mit dem Kollegen zu suchen. Was folgte, war für mich erschütternd. Der pastorale Kollege gab mir mehr oder minder deutlich zu verstehen, dass, wenn nicht geweihte Mitarbeiter schließlich „alles dürfen", sich die Frage stelle, wozu noch Priester werden.

Dieses Gespräch, dessen Grundzüge mir später noch so manches Mal begegnet sind, ist mir vor allem deshalb so in die Glieder gefahren, weil ich selbst meinen pastoralen Dienst nie als „dürfen" und „nicht dürfen" verstanden habe. Tatsächlich waren meine ersten Jahre in der Pastoral vor allem von dem geprägt, was ich „musste", und damit war ich gut beschäftigt. In der Diskussion mit dem Kollegen, die schnell eine sehr persönliche Dichte gewann, wurde mir klar, wie wichtig es ihm war, die klerikale Oberhand zu behalten. Und wie schnell es an sein persönlich Eingemachtes ging, wenn das nicht gelingt.

6.

Dieses Gespräch ist mir lange nachgegangen und hat mich sehr beschäftigt. Die ämtertheologische Diskussion fand ich dabei nur bis zu einem bestimmten Grad hilfreich, denn wohl kaum ein Mitarbeiter der Kirche hat sich zu einem Dienst in dieser Kirche entschlossen, nachdem er oder sie Ämtertheologie studiert hat. Da ich davon ausgehe, dass die Entscheidung zum kirchlichen Dienst aus der Tiefe des Herzens kommt, wage ich auch, den Grund für die Panik des Kollegen und ähnlicher Denker dort anzusiedeln: Die Furcht vor Laien wird, so möchte ich als Haltung dem Kollegen unterstellen, weniger aus der Feststellung rühren, dass der Ämtertheologie Unrecht getan wird, sondern eher der eigenen Persönlichkeit.

Wo mag der Grund für solche Angst liegen? – Es bleiben Vermutungen. Es sei ein kurzer Griff in die Handwerkskiste der Motivationspsychologie erlaubt. Attributionstheorien versuchen Informationen zu beschreiben, die erklären, warum ein Mensch so handelt, wie er handelt. Die Motivationspsychologie definiert drei Klassifikationen von Informationen über Handlungsursachen.[48] Solche Ursachen sind entweder stabil oder instabil, internal oder external beeinflusst, kontrollierbar oder nicht kontrollierbar. Stabile Ursachen für eine Handlung bleiben über einen längeren Zeitraum, wie sie sind, unabhängig von anderen Einflüssen; instabile Ursachen für Handlungen können sich verändern und infolgedessen als Antwort darauf auch die Handlung. Internale Ursachen für eine Handlung sind in der Person des Handelnden angelegt – externale Ursachen sind hingegen auf Einflüsse von außen zurückzuführen. Ob eine Ursache kontrollierbar ist oder nicht, folgt der Frage: Kann der Handelnde etwas ändern oder nicht? Je stabiler, internaler und kontrollierbarer eine Handlungsursache ist, desto dauerhafter ist die Motivation: Wenn ich aus meinem tiefsten Herzen eine Entscheidung getroffen habe, die ich selbst auch wieder ändern könnte, dann ist meine Motivation, durchzuziehen, was ich mir vorgenommen habe, wesentlich nachhaltiger, als wenn mir andere sagen, was ich tun soll, und ich dazu keine Lust habe. Es gibt wohl niemanden, der diese Theorie nicht mit einer langen Liste von Beispielen belegen könnte.

Versuchen wir nun, die Grundlagen dieser Attributionstheorien auf die Berufung zum Priesteramt anzuwenden. Wenn die Entscheidung, den Weg zum Priesteramt zu gehen, in meinem tiefsten Innern gereift und dort angesiedelt ist, wenn diese Entscheidung in mir gewachsen ist und wenn ich genau weiß, dass ich bis zum Moment des „Ich bin bereit" immer noch einen anderen Weg gehen kann, dürfte die Nachhaltigkeit dieser Entscheidung wesentlich größer sein, als wenn das nicht so ist.

Wie könnte sich eine Situation darstellen, die weniger nachhaltig ist? Hinsichtlich Stabilität ist eine weniger nachhaltige Entscheidung zunächst einmal von vielen Wechseln und Irrwegen geprägt. Nun kenne ich allerdings etliche Mitbrüder, für die es zunächst einmal sehr wichtig war, keine stabile Entscheidung treffen zu müssen. Tatsächlich muss die Stabilität einer Entscheidung zum priesterlichen Dienst wachsen dürfen und Fehlschläge sind inbegriffen. Wenn allerdings am Ende keine stabilen Grundlagen einer Entscheidung da sind, werden Anfragen an die Entscheidung, die im Laufe eines priesterlichen Lebens immer wieder kommen, umso nachhaltiger und umso destruktiver wirken können. Im Lukas-Evangelium hat Jesus das in dieses Bild gefasst:

Ich will euch zeigen, wem ein Mensch gleicht, der zu mir kommt und meine Worte hört und danach handelt. Er ist wie ein Mann, der ein Haus baute und dabei die Erde tief aushob und das Fundament auf einen Felsen stellte. Als nun ein Hochwasser kam und die Flutwelle gegen das Haus prallte, konnte sie es nicht erschüttern, weil es gut gebaut war (Lukas 6,47f).

Konvikts- und Seminarausbildungen sind darauf angelegt, zu dieser Stabilität zu finden. Ich habe sowohl in der Schweiz als auch in Deutschland erlebt, wie Ausbildungsverantwortliche sehr intensiv der Frage nach einer stabilen Entscheidung nachgegangen sind. Und das ist wohl auch unerlässlich.

Hingegen bin ich mir nicht sicher, ob der Frage nach der Verortung einer Entscheidung in ähnlicher Intensität nachgegangen wird. Wo in der Person wird denn eigentlich entschieden, ob jemand Priester wird? Eine scheinbar simple Frage – und man mag antworten: im Herzen eines jeden Kandidaten natürlich. Ist das tatsächlich so? Ich erinnere mich daran, wie meine Eltern etwa von ländlichen Traditionen zu berichten wussten, wo es hieß: „Der Älteste erbt den Hof und der Jüngste geht ins Kloster oder wird Priester." Natürlich ist das heute selbst auf dem Land nicht mehr so, aber ich zweifle, dass es die Tendenz überhaupt nicht mehr gibt. Und in anderen Teilen der Weltkirche kann man durchaus erleben, dass die Entscheidung zum Priester- oder Ordensleben von äußeren Faktoren wie lebenslanger guter Versorgung oder massiv steigender sozialer Anerkennung (vielleicht sogar für die ganze Familie) durchaus nicht unberührt bleibt. Solche Faktoren spielen in der Kirche heutiger Industrienationen sicher weniger eine Rolle. Aber sind Kandidaten in unseren Breitengraden wirklich gegen jeglichen Einfluss externaler Entscheidungsfaktoren gefeit?

Ein paar Fragen aus der Praxis: Wie viele Kandidaten etwa nutzen die abgekapselte Seminarwelt, um sich gegen ein homosexuelles Coming-out zu schützen? Anstatt im gesellschaftskonservativen Umfeld der Familie und unter Freunden die Stigmatisierung fürchten zu müssen, ist ihnen als Seminarist eine anständige soziale Stellung sicher – zumindest im Schutzraum der Kirche. Ein Coming-out im Seminar ist nicht nur nicht notwendig, sondern dem beruflichen Werdegang im höchsten Maße abträglich. So lässt sich dort gut leben, was in einer säkularen Gesellschaft immer weniger möglich ist: die Unterdrückung der eigenen sexuellen Identität. Was nach harter Repression durch die kirchlichen Strukturen tönen mag, ist dann durchaus gesucht. Die innerkirchliche Verfolgung, Stigmatisierung und Sanktionierung der homosexuellen Veranlagung von Priesteramtskandidaten und Priestern fördert paradoxerweise die Bildung solch scheinbarer Schutzräume. Die Folgen sind vor allem dann desaströs, wenn im späteren Leben sich diese externale Motivation als Trug herausstellt und damit schließlich die ganze Entscheidung zum Priesterberuf in Frage gestellt wird. Hier ist die Kirche gefordert. Ein Priesterseminar oder später dann ein Priesterleben darf nicht die Möglichkeit bieten, wichtige Persönlichkeitsentwicklungen zu umgehen. Dass sich also dazu die Haltung der Kirche zum Thema ‚Homosexualität' grundlegend ändern muss, ist offensichtlich. Im Januar 2019 ist etwa die Erzdiözese Paderborn dahingehend einen wichtigen Schritt gegangen, als sie erklärte, dass die Homosexualität von Priesteramtskandidaten „künftig kein Ausschlusskriterium mehr" ist.[49]

So einfach wie im Fall der Auseinandersetzung mit der eigenen sexuellen Identität sind aber externale Faktoren, die den Wunsch zum Priesterberuf ausmachen, nicht immer zu identifizieren. Nicht selten sind solche Faktoren Menschen, die einem sehr vertraut und daher auch sehr nahe sind und die den lieben Sohn, Enkel, Neffen, Oberministranten oder Schüler doch gar gern als Pfarrer sähen. So einfach, wie sich diese Beschreibung liest, ist die Realität dann nicht. Bei einem einflussreichen Lehrer oder Pfarrer ist es vielleicht noch leicht, so einen Einfluss gut auszumachen. Aber wie ist das, wenn die eigene Mutter ihre Erziehung darauf angelegt hat, dass der Sohn sie einst einmal zur von der Kirche angesehenen Priestermutter macht? Viel zu subtil wirken solch scheinbare Unterstützungen, doch ist es notwendig, sie früh genug auf dem Weg zum priesterlichen Dienst zu identifizieren, denn sobald sich die (groß)mütterliche Bedeutung für die Berufung verliert, braucht es motivationale Faktoren, die weiter und besser tragen.

7.

Dass verschiedene Familienkonstellationen und auch Familientraditionen eher den Weg zum Priesterberuf ebnen als andere, stimmt sicher, und das mag ja auch gut sein. Nur ist es wichtig, die Ursachen für die Entscheidung immer wieder zu überprüfen. Und oft ist ein Ausbildungsbetrieb wie ein Seminar für solche Reflexionen nicht sonderlich hilfreich. Zu sehr dominiert das sozial Erwünschte. Ein kritisch-wohlwollender Freundeskreis hingegen kann da schon mal – dann vielleicht auf recht schmerzhafte, aber eben nützliche Weise – Wunder wirken. Und wenn sich im Laufe eines Entscheidungsweges die externalen Ursachen, wie Mütter und andere, nicht in internale Ursachen, wie eine brennende Liebe zum Beruf, wandeln, kann es später schwierig werden, vor allem dann, wenn die Entscheidung in Krisenzeiten angefragt wird.

Noch heikler wird es zudem, wenn externale Faktoren den internalen zwar widersprechen, aber einfach stärker sind. Wenn im katholischen Dorf mit einem charismatisch begeisternden Pfarrer die Stimme der katholischen Mutter, die als Vorsitzende der katholischen Frauengemeinschaft sehr stolz auf einen geweihten Sprössling wäre, viel stärker ist als die innere Stimme, die da sagt: „Ich will nicht." Ich weiß, ich übertreibe.

Ein anderer bekannter externaler Faktor, der den Weg zum Priesterberuf ebnet, ist die Liturgie. Wer als Kind mit Begeisterung Ministrant war, ist mit Liturgischem vertraut oder gar mehr: ganz begeistert davon. Warum also nicht den der Liturgie nächstliegenden Beruf wählen? Ich erinnere mich an viele Kommilitonen im Konvikt, die so beeinflusst waren. Auch ich selbst war fast 20 Jahre lang Ministrant, und diese Mitarbeit in der Liturgie war mir wichtig und vertraut. Natürlich hat sie auch meine Neigung zum Priesterberuf mit beeinflusst. Das zu leugnen wäre falsch. Aber: Es darf nicht bei diesen Äußerlichkeiten bleiben. Das gilt auch für die Begeisterung für alles Liturgische, denn:

> Die Liturgie [ist] der Höhepunkt, dem das Tun der Kirche zustrebt, und zugleich die Quelle, aus der all ihre Kraft strömt.[50]

Wenn die Liturgie Höhepunkt und Quelle auch des priesterlichen Dienstes ist, dann wird zugleich auch deutlich, dass Liturgie nicht das Wesen des priesterlichen Dienstes ist, sondern einer seiner Vollzüge. Dort, wo Gott wirkt und auf uns einwirkt, entsteht ein Ausdruck dessen, nicht andersherum. Wenn Priester Liturgien feiern, dann tun sie das, weil sie ihrem priesterlichen Leben einen Ausdruck geben, wie jeder Christ und jede Christin der Berufung zum Christsein in Liturgien einen Ausdruck gibt.

Es ist wichtig für angehende Kleriker, die Vorläufigkeit aller externalen Faktoren, die den Wunsch zum priesterlichen Dienst formen, stets im Auge zu behalten und sich der Gefahr, was passiert, wenn man das übersieht, mit aller Kraft bewusst zu sein. Und für all jene wie Pfarrer, Mütter und andere, die externale Faktoren sind, ist es gut, sich dessen bewusst zu sein, dass ihr Einfluss und Vorbild nur bis zu einem bestimmten Grad hilfreich und förderlich ist.

Der Grund für die Vorsicht ist naheliegend: Fällt der externale Grund einmal weg oder schwächelt er, hängt die ganze Entscheidung zum priesterlichen Dienst in der Luft. Wer vor seinem Coming-out in ein Seminar flieht und das Coming-out aber doch später hinbekommt, ja, was dann? Wer dem Einfluss einflussreicher Personen seines Lebens entgleitet, muss entweder zur eigenen Entscheidung oder zu Alternativen finden. Wer sich mit liturgischen Formen konfrontiert sieht, die nicht das sind, was die Entscheidung zum Priesterberuf ausgemacht hat, braucht Anpassungsfähigkeit. Es sei nochmals klargestellt: Es braucht die Initialzündung, um auf die Idee, Priester werden zu wollen, zu kommen, und das sind in den meisten Fällen Menschen oder Situationen, die auf einen Kandidaten Einfluss ausüben. Und es sind zumeist auch nicht singuläre, sondern viele Momente, die sich schließlich wie Teile eines Puzzles zu einer Entscheidung zusammenfügen. Und das kann und sollte viel Zeit in Anspruch nehmen. Aber eben: Eine Entscheidung, die ausschließlich an äußeren Faktoren hängt, steht und fällt eben auch mit diesen Faktoren. Eine Entscheidung, die mit allen Sinnen, mit ganzem Herzen und dem Verstand entwickelt wurde, hat es viel schwerer zu zerfallen. Nicht, dass es nicht passieren kann, aber eben wesentlich schwerer.

Ich schließe an das Beispiel des oben genannten Kollegen an, der nicht mit Laien in die Liturgie wollte. Tatsächlich tendierte das Gespräch in eine solche Richtung: „Dann braucht's mich als Priester ja gar nicht mehr." Verlustangst. Wenn Rollendiskussionen von Verlustangst bestimmt sind, sind sie sinn- und fruchtlos, weil ihnen jegliche Rationalität abgeht. Das gilt nicht nur für Verlustangst, sondern für jegliche Art von Angst – in jeglicher Art von Diskussion.

Wenn die Entscheidung zum Priesterberuf ausschließlich an äußeren Faktoren hängt und sie droht, obsolet zu werden, setzt der Verteidigungskrieg ein. Und da passiert dann wirklich alles, was vorstellbar ist: Angriff, Verteidigung, Abschottung, Fraktionenbildung, Verhandlungen, Flucht. Klerikalismus gehört wohl zur Kategorie ‚Abschottung'.

8.

Zurück zu meinen Anfängen in der Schweiz. Nach dem Wechsel in die Schweiz habe ich das erste Jahr mit einer Eingewöhnungszeit zugebracht, die dazu dient, dass Pfarrei und Diözese feststellen können, ob der Kandidat dorthin passt. Auch ist es angeraten, dass jeder Kandidat diese Prüfung ebenso auch für sich selbst vollzieht. Inzwischen gilt dieses erste Probejahr nicht nur für Laientheologinnen und -theologen aus dem Ausland oder aus anderen Diözesen, sondern ebenso auch für Priester. Diese Zeit macht klar: Nur weil jemand studiert hat oder geweiht ist, heißt das eben noch nicht, dass die Fähigkeiten und die Persönlichkeitsstruktur zu den jeweiligen Aufgaben passen. Andersherum muss man allerdings natürlich auch feststellen, dass man von einem Bewerber nicht sagen kann, dass er für den Seelsorgeberuf grundsätzlich nicht passt, nur weil es auf einer Stelle nicht klappt. Tatsächlich ist das Erkennen von Charismen eine hochdiffizile Angelegenheit, an der im besten Fall alle Beteiligten mitwirken: nicht nur Ausbildungsleiter, sondern auch Praktikumsbetreuer in Gemeinden wie auch alle Menschen, die mit den Auszubildenden in den Gemeinden zu tun haben.

Am Ende dieses Probejahrs begann die konkrete pastorale Ausbildung. In meiner Schweizer Diözese ist es wie in vielen anderen Diözesen auch üblich, dass die Studienzeit dieser praktischen Ausbildung von Priesteramtskandidaten und nicht zu weihenden Studierenden gemeinsam absolviert wird. Das macht Sinn – nachher muss man ja auch zusammenarbeiten. Allerdings endete in meiner Ausbildungszeit das Gemeinsame oftmals an der Hörsaaltür. Dass bereits dort in der Ausbildungssituation – sozusagen in vitro, im Reagenzglas – eine Kooperation auch in praktischen Fragen erlernt worden wäre, die später in vivo, in der pastoralen Realität, unser ,tägliches Brot' sein würde: weit gefehlt. Nun kam in unserer Situation auch noch erschwerend hinzu, dass der Ausbildungsleiter auch zugleich der Seminardirektor war und dem Opus Dei angehörte. So kamen nicht unbedingt programmatisch, aber doch stets latent, auch Vorstellungen von Seelsorgern und Seelsorgerinnen zum Tragen, die in der Prälatur üblicherweise vorherrschen. Dass es da ein sehr klares Ranking gibt, in dem Nichtgeweihte – vor allem Frauen – nicht unbedingt an erster Stelle stehen, ist bekannt. Auch unter den Weihekandidaten herrschten jegliche klerikale Vorstellungen dieser geistlichen Gemeinschaft in vollem Ausmaß vor.

Dass in einer solchen Ausbildungssituation mittels Supervision oder Ähnlichem eine Rollenreflexion angegangen worden wäre, war unvorstellbar. Das Angebot war wohl da, wurde aber nur von den zukünftigen Pastoralassistentinnen und -assistenten genutzt. Natürlich ist es schwierig bis nutzlos, die Teilnahme an Rollenreflexionen zu forcieren, aber schon diese Grundeinstellung sagt grundsätzlich so viel über zukünftige Mitarbeiterinnen und Mitarbeiter aus, dass Ausbildungsleiter und Anstellungsträger hellwach hätten werden sollen angesichts der Nichtteilnahme der Weihekandidaten.

Die pastoralpraktische Ausbildung endete mit der Weihe der Priesteramtskandidaten und der feierlichen Entsendung der nichtgeweihten Seelsorgerinnen und Seelsorger. Fortan war ich in der Gemeinde, in der ich mich zwei Jahre zuvor beworben und meine Praktikumszeit absolviert hatte, als Pastoralassistent tätig. Das Miteinander von Pfarrer, Pastoralassistent, Gremien und Gläubigen war durch eine gegenseitige Anerkennung geprägt. Mir ist in dieser Zeit nie aufgefallen, dass der Pfarrer als einziger Kleriker in der Gemeinde diese Rolle betont oder missbraucht hätte. Tatsächlich war die Kooperation geprägt vom Respekt vor der jeweiligen Rolle.

Natürlich hat es Konflikte gegeben, kleinere und größere. Nicht alle sind glücklich geendet. Aber so wie der Klerikerstatus des Pfarrers dabei eben keine Rolle gespielt hat, haben Mitglieder der Gemeinde, die in Gremien saßen, durchaus versucht, ihre Positionen zur Geltung zu bringen. In solchen Situationen wurde mir schnell klar, dass Machtmissbrauch in der Kirche nicht notwendigerweise an eine Weihe gebunden sein muss. Verschiedene Verhaltensweisen, die man oft mit dem Klerikerstand verbindet, finden sich eben auch bei nicht geweihten Gläubigen, die in der Gemeinde aktiv sind: seien es Ehrenamtliche, die die entsprechenden Positionen haben, oder Professionelle. Unter den Nichtgeweihten sieht man dann solch ,graue Eminenzen': Frauen und Männer, Ehrenamtliche und Angestellte einer Gemeinde wie Sekretärin oder Haushälterin, die im Schatten der tatsächlichen Autoritäten ihr ,Schattenimperium' aufbauen. Oftmals verlaufen solche Aufbauprozesse über eine sehr lange Zeit, in der die offiziellen Autoritäten schon mehrmals gewechselt haben. Für einen Pfarrer etwa kann es dann sehr schwierig sein, solche Prozesse zu durchschauen, wenn er gerade neu in eine Gemeinde gekommen ist, und rasch ist er von solchen Schattenmächten instrumentalisiert, ohne es recht gemerkt zu haben. Die Amtsautorität des Klerikers verteilt sich dann informell auf andere, die die Instrumente der Macht und des Machtmissbrauchs gut zu spielen wissen. Zum Klerikalismus gibt es hier aber einen wichtigen Unterschied: So ein Machtverhalten von Leuten in der Gemeinde fußt jeweils auf guten Verbindungen zu realen Autoritäten, auf materiellen Möglichkeiten oder Ähnlichem, aber nie auf geistlicher Autorität, wie sie dem Seelsorger zu eigen ist.

9.

Während meiner Zeit als Pastoralassistent machte ich mir meine Gedanken zur weiteren Zukunft. Ich merkte dabei, dass der alte Wunsch des Priesterberufes noch deutlich wach war. Als die wichtigen Entscheidungen unter Dach und Fach waren, verabschiedete ich mich aus meiner ers-

ten Gemeinde und wechselte in eine Zürcher Innenstadt-
gemeinde, zunächst als Pastoralassistent, später dann als
Diakon und Vikar.

Mir war es dabei wichtig, auf diesem neuen Findungs-
weg in einen Beruf hineinzuwachsen und nicht Mitglied
eines Standes zu werden. Tatsächlich findet sich hier eine
der Grundfragen, die letztendlich auch das Problem des
Klerikalismus ausmachen: Ist der ‚Priester' in der Kirche
von heute ein Beruf oder ein Stand? Wenn man durch Kir-
chendokumente schaut, findet sich eine gewisse Uneinheitlichkeit. So spricht etwa das Dekret „Presbyterorum
Ordinis" des II. Vatikanums über den Dienst und das Leben der Priester in der deutschen Übersetzung wohl vom
‚Stand':

> Schon mehrfach hat diese Heilige Synode alle auf die große
> Würde des Priesterstandes in der Kirche hingewiesen.[51]

Eine andere Sprache findet sich im Dekret „Optatam totius" des II. Vatikanums über die Ausbildung der Priester.
Hier ist vom ‚Stand' die Rede, wenn es um den Zölibat
geht.[52] Ansonsten spricht das Dokument in der deutschen
Übersetzung vom ‚Priesterberuf' und in keiner Weise
wird diskutiert, wie Alumnen – die Kandidaten – in einen Stand hineinwachsen sollen. Vielmehr geht es in dem
Dokument um Voraussetzungen und die wichtigen Lern-
prozesse für den Priesterberuf. Heute, mehr als ein halbes
Jahrhundert nach Erscheinen dieses Dokumentes, täte es
der Kirche gut, sich solch eine Sicht auf den Priesterberuf
vermehrt zu eigen zu machen. In der heutigen Situation der Kirche halte ich es für notwendig, diese Sicht auf
Priesterausbildung als Berufsausbildung wesentlich mehr

zu stärken. Wenn man so vorgeht, dürfen nämlich auch Begriffe wie „Fähigkeiten", „Leistung" und „Arbeit" fallen und eine Rolle spielen, von denen man bis anhin immer ein wenig den Eindruck hatte, sie vertrügen sich nicht mit der „große[n] Würde des Priesterstandes". So gewinnt auch der Begriff der „Eignung" ein ganz neues Profil.

Also der Priesterberuf – einer wie jeder andere? An der spirituellen Wertigkeit des Berufes nagt doch niemand. Warum auch. Auf solchen Wegen zu denken, heißt doch nicht, den Priesterberuf dem Profanen preiszugeben, weil man ähnliche Anforderungen stellt wie in anderen Berufsausbildungen auch – im Gegenteil: Es schärft sein Profil und macht seinen Wert in der Welt von heute erkennbar. Dass Kandidaten für den Priesterberuf neben Fähigkeiten, Leistungsbewusstsein und Arbeitswillen den Voraussetzungen, wie sie im Ausbildungsdekret beschrieben sind, entsprechen müssen, ist ja von solchen Gedanken völlig unberührt. Schließlich hat auch Papst Johannes Paul II. in seinem Nachsynodalen Schreiben „Pastores dabo vobis" nochmals die Bedeutung der Berufung zum Priesterberuf als Anliegen der ganzen Kirche hervorgehoben:

> Bei der Ausübung ihrer prophetischen Sendung erfährt die Kirche es als eine sie verpflichtende und unverzichtbare Aufgabe, den christlichen Sinngehalt der Berufung, wir könnten auch sagen ‚das Evangelium der Berufung', zu verkünden und zu bezeugen.[53]

Es ist wie immer mit dem Evangelium: Es fördert nicht nur, es fordert auch. Die Kirche muss sich darauf verlassen können, dass sich Kandidaten für den Priesterberuf nicht nur himmelwärts entwickeln, sondern ebenso im Volk Gottes verwurzelt sind: „Sie sind die Verfechter des gemeinsamen Wohls."[54] Oder noch klarer:

> Mit allen nämlich, die wiedergeboren sind im Quell der Taufe, sind die Priester Brüder unter Brüdern [und Schwestern, d. A.], da sie ja Glieder ein und desselben Leibes Christi sind, dessen Auferbauung allen anvertraut ist.[55]

Und es ist allerhöchste Zeit, der Idee von der heiligen Kaste ‚adieu' zu sagen. – Kann das gelingen?

10.

Als ich mich also erneut in Richtung Priesterweihe aufmachte, war mir wichtig, mich so viel wie möglich auf Inhaltliches und möglichst wenig auf Äußerliches des Priesterwerdens zu konzentrieren. Das gelang gut. Als ein Fiasko behielt ich allerdings meine Exerzitien zur Diakonenweihe in Erinnerung. Ich bin nicht unbedingt glücklich mit Exerzitien in Gruppen. Für mich ist die Stille und Ruhe solcher Tage ein sehr wichtiges Element, und oftmals gelingt das in Gruppen nicht so gut. Daher hatte mich die Aussicht auf eine einwöchige Exerzitienzeit mit der ganzen Weihekursgruppe nicht so beglückt. Das Programm des Exerzitienkurses ging entlang der geistlichen Übungen der Schönstatt-Bewegung, zu der der Exerzitienleiter gehörte, was ohne Zweifel gut war für all jene unseres Kurses, die Schönstatt nahestanden. Diese Exerzitientage endeten schließlich damit, dass der Kursleiter alle Teilnehmer ermunterte, in einem feierlichen Gelöbnis das zukünftige Leben als Diakon und dann nachher als Priester ganz der Gottesmutter zu weihen. Solch eine Spiritualität musste man mögen oder man hatte dann halt einfach Pech in diesen Tagen. Ich hatte das Pech und wollte dennoch das Beste aus diesen Einkehrtagen vor der Weihe machen. Nach den ersten Vorträgen und einer darüber verbrachten Nacht entschied ich mich, dem Kursprogramm zu entsagen. Das fand nicht unbedingt die freudige Zustimmung des Exerzitienleiters, er ließ mich nach einigen Einwänden und Versuchen, einen gewissen Druck aufzubauen, dann aber ziehen. Ich machte ihm deutlich, dass es zu den meisten seiner eher gewagten spirituellen wie theologischen Aussagen einiges zu sagen gäbe, ich das aber weder leisten wollte noch könnte: Angesichts des bevorstehenden wichtigsten Moments meines Lebens – der Weihe – wollte ich mich lieber um mich selbst kümmern. Um das zu tun, hatte ich im Sinn, die Stille und Entlegenheit des schönen Exerzitienhauses zu nutzen, anstatt mich bei unsinnigen Vorträgen bis zum Bluthochdruck zu ärgern. Noch am selben Tag stellte sich heraus, dass das eine durchaus kluge Entscheidung gewesen ist. Das war den Gesichtern und Kommentaren vieler Mitbrüder zu entnehmen, die ihre Erfahrungen leise, aber deutlich in Worte fassten. Zwar waren nicht alle so kritisch, einige waren gehorsamer als ich. Ob ihr geistliches Resultat dieser Tage jedoch hochwertiger war als meines, weiß ich nicht. – Am Ende dieser Woche, wenige Stunden vor meiner Diakonenweihe, konnte ich jedenfalls auf eine fruchtbare Besinnungs- und Weihevorbereitungszeit zurückschauen. Darauf kam es am Ende an. Und das war durchaus hart erarbeitet.

Was mich an diesen Erfahrungen während der Weiheexerzitien besonders erschreckte, war der Umstand, dass diese Tage auf irgendwelche überspitzt frommen oder frömmelnden Ideen von Priestertum zielten, die weder mit unserer Lebensrealität zu tun hatten noch auf die Charakteristika des Berufes abzielten. Die Spitze war diese obskure Marienweihe am letzten Tag, der Eisberg darunter war aber auch nicht besser. Es gibt nichts einzuwenden gegen eine Vielfalt von spirituellen Richtungen – ganz im Gegenteil: Sie bewirken Diversity und Lebendigkeit. Aber Spiritualität von Klerikern muss dem Ausgespanntsein zwischen Gott und Mitmensch dienen, sonst droht sie schnell in Sektiererei abzugleiten. Auch spirituell gilt für Kleriker das Wort des Augustinus: „Für euch bin ich Bischof [hier also: Priester], mit euch bin ich Christ." Wenn das Mit-Sein spirituell verloren geht, geht priesterliche Existenz letztendlich auch als Für-Sein nicht mehr. Wie können Priester in „der Welt von heute" leben, deren Spiritualität sich in Sphären bewegt, die mit hiesigem Leben so gar nichts zu tun haben? Klerikalismus kann auch dann besonders blühen, wenn er in dieser Weise geistlich untermauert und so irgendwie begründet wird. Andersherum kann man Klerikalismus erfolgreich bekämpfen, wenn Geistliche auch spirituell mit beiden Beinen auf der Erde stehen. Aber was ist geerdete Spiritualität? Und wer erzieht dazu? Und wer will sie? Es ist ja nicht so, dass unter allen Kandidaten, die zusammen mit mir ihre Weiheexerzitien verbrachten, dasselbe Entsetzen herrschte wie bei mir. Die Freiheit des Abstandes, die ich nutzte, wollte gar nicht jeder haben. Bis heute nicht.

Die Diakonenweihe geriet dann schließlich zu diesem wichtigsten Moment meines Lebens. Nun war mit Nachhaltigkeit besiegelt, was ich auf einem langen und intensiven Weg reflektiert und mit mir, mit anderen und meinem Gott diskutiert hatte. Ja, eine gewisse Unsicherheit blieb:

Tust du das Richtige? Alternative Lebens- und Berufswege standen immer klar vor meinen Augen, aber nun hatte ich diese Entscheidung getroffen und diese errungene Entscheidung auch als eine Antwort auf eine Berufung erachtet. Arten der Berufung gibt es zahlreiche, und das war jetzt mein Weg. Interessanterweise legten sich die Zweifel nicht nur bei mir, sondern auch in der ganzen Familie und im Freundeskreis. Stand all die Zeit diese unausgesprochene Frage im Raum: Macht der das Richtige?, breitete sich schon sehr bald nach der Weihe die Haltung aus: Es sieht gut aus. – Die Monate als Diakon waren zum einen geprägt vom Arbeiten in meiner neuen Rolle, zum anderen mit einer inhaltlichen Auseinandersetzung: Klar hatte ich in endlosen Auseinandersetzungen die Bedeutung des Geweihtseins meditiert und überlegt, aber wenn es dann mal Lebensrealität ist, ist es doch anders als jede Idee zuvor. Das ist wohl so mit allen Erfahrungen des Lebens. ‚Live und in Farbe' fühlt sich eben alles immer anders an als in der Theorie und im Kopf. Das Hineinleben nahm Zeit in Anspruch. Die vertiefende Auseinandersetzung mit dem augustinischen ‚Für-Sein', mit dem Dienstcharakter des Diakon- und Priesterseins, mit der öffentlichen Rolle brauchte noch einmal einiges an Engagement. Das ist in meinen Vorbereitungen etwas zu kurz gekommen.

11.

Die Priesterweihe stand im darauffolgenden Jahr an. Sie fand in der Kirche jener Pfarrei statt, in der ich schon zuvor kurze Zeit als Pastoralassistent und danach als Diakon tätig gewesen war. Der Pfarrer der Gemeinde wies mich an, bei den Vorbereitungen federführend zu sein, Zeit zu investieren, dafür aber auch eine Feier zu gestalten, die mit der Pfarrei verbunden war. Das führte zu sehr interessanten Begebenheiten. Ich musste immer wieder Menschen erklären, welche Rolle die einzelnen Teile der Weihefeierlichkeiten spielten und welche angemessene Gestaltung ihnen zukommen sollte, um nicht einfach eine rituelle Handlung zu vollziehen, sondern eine Feier zu haben, bei der jede und jeder mit Herz und Hirn dabei sein konnte. Diese intensiven Vorbereitungen bargen für mich einen großen Lerneffekt: Ich konnte immer wieder reflektieren und damit verinnerlichen, was denn da bald passieren würde. Ich musste kommunikabel machen, was Priesterwerden grundsätzlich und für mich bedeutet – eine Übung, die ihre Wichtigkeit auch nach der Weihe behielt.

Die Menschen – Mitarbeiter, Freunde, Gemeindemitglieder – haben immer wieder nachgefragt, was ich denn da für einen Beruf ausüben wollte, warum der mir so wichtig war. Ich brauchte gar nicht zu versuchen, darauf mit frommen Phrasen zu antworten. Das hat jede Kommunikation wie Wachs in der Sonne schmelzen lassen. Weil ich es wusste, habe ich es auch gelassen. Wer mit meiner Aussage nichts anfangen konnte, hat nachgehakt, bis meine Antwort zufriedenstellend verständlich war. Das waren nicht immer einfache, aber nachhaltige und sehr hilfreiche Übungen. Es ist einfach, in abgehobenen theologischen Diskursen hängen zu bleiben, weil die Luft da so schön dünn ist. Am Boden sieht das bekanntlich anders aus. Da mischen sich dann Theologie und Spiritualität plötzlich mit der Kommunikation des Alltags und müssen auch in diesem Kontext noch verständlich bleiben – eine Herausforderung, die jeden Seelsorger lebenslänglich begleitet, etwa beim Predigen oder in der Katechese. Heute, nicht ganz 20 Jahre nach der Priesterweihe, werden viele Menschen, die schon mit mir Gottesdienst gefeiert oder an Weiterbildungsveranstaltungen teilgenommen haben, bestätigen können: Es gelingt nicht immer. Aber wir Seelsorger müssen da dranbleiben.

Priester haben es ein wenig schwerer, weil ihnen im Alltag Menschen wie Familienmitglieder fehlen, die beständig zu geerdeter Kommunikation drängen. Umso wichtiger ist es, bereits früh ein entsprechendes Beziehungsnetz aufzubauen, das einfordernd ist. Immer ist es gut, wenn Priester mit Menschen in Kontakt stehen, die nicht den Hochwürden wollen, sondern den lieben Freund mit all seinen – vielleicht manchmal seltsamen – Eigenarten, die man in guter Freundschaft auch benennen kann. Ordenspriester, die in Gemeinschaften leben, haben es noch einmal leichter als Priester, die tatsächlich völlig allein sind. Das Korrektiv der Gruppe von Mitbrüdern fehlt. In einigen Diözesen drängen Bischöfe und Personalverantwortliche daher dazu, dass Priester in Kommunitäten leben. Diese Priester müssen nicht notwendigerweise in derselben Pfarrei arbeiten, so dass Arbeitsalltag und Privatsphäre ein wenig getrennt werden können. Der Umgang mit der Residenzpflicht muss hier gut geklärt werden. Mir fehlen Erfahrungen mit diesem Modell, aber vielleicht ist es für die Zukunft bedenkenswert.

Neben Kommunitäten von Priestern machen zur Eindämmung der genannten Probleme möglicherweise auch zukünftig andere Formen des Zusammenlebens Sinn wie etwa das Mehr-Generationen-Haus und ähnliche Wege. Dort lebt der Priester zwar für sich, aber in engem Kontakt mit Menschen in anderen Lebenssituationen wie Familien, Senioren, junge Singles etc. Letztendlich hängt vieles von der einzelnen Person und natürlich auch vom kulturellen Kontext ab. Ein Mitbruder, der aus einem kinderreichen Haushalt kommt und zeitlebens auch die Großeltern vielleicht noch am Esstisch erlebt hat, wird sich mit plötzlichem Alleinsein schwerer tun als Kollegen, die aus eh schon kleinen Familien stammen. Wie ich. Ich selber tauge für kommunitäres Leben nur bedingt und habe eher Freude an meinem eigenen Haushalt mit einer weit offenen Tür für Gäste. In den letzten 20 Jahren hat sich das für mich bewährt, aber es ist wichtig, dass das jeder nicht verheiratete Seelsorger unbedingt für sich klärt und kirchliche Vorgesetzte mit solchen Befindlichkeiten umzugehen wissen. Stimmen die Lebensumstände des Priesters, dann stimmt seine Befindlichkeit und damit ist seiner Weise, auf Menschen zuzugehen, mit ihnen umzugehen, sie zu lehren, mit ihnen Glauben zu leben und zu reflektieren, schon sehr viel guter Boden bereitet. Der Umkehrschluss gilt auch.

So kam der Tag meiner Priesterweihe näher. Ich wusste, dass viele Mitfeiernde zu diesem Fest nicht wegen des Gottesdienstes oder des Weiheaktes kamen, sondern meinetwegen. Um die Feier aber nicht als ein Mysterium zu begehen, an deren Ende ich plötzlich Priester war, sondern in einer Weise, die jeden kirchlich noch so Fernstehenden mit hinein und mit auf den Weg meines Geweihtwerdens nahm, brauchte es eine gute Gestaltung, auf die ich in meiner Situation viel Energie verwenden konnte. Das ganze Team meiner damaligen Pfarrei hat mitgemacht – vom Pfarrer über die Kirchenpflege bis hin zu den Hausangestellten war jeder und jede intensivst eingebunden. Für diese Erfahrungen bin ich heute noch sehr dankbar. Die Liturgie des Weihegottesdienstes war von allen Vorbereitenden tief verinnerlicht und mitgetragen. Ich musste am Ende nur da stehen und aus tiefster Seele überzeugt sagen: *Ich bin bereit.*

Die Exerzitien vor der Priesterweihe waren mir nach den eher schwierigen Erfahrungen vor der Diakonenweihe ein besonderes Anliegen. Der Unterschied zu den Exerzitien vor der Diakonenweihe hätte frappanter nicht sein können. Im Zentrum dieser Einkehrzeit stand mein Leben, wie es jetzt als Diakon verlaufen war, welche Rolle mein zukünftiger Priesterberuf haben könnte, welche Rolle der Rest meiner Biographie spielte. Keine Rolle spielte, welche Würde das Priesteramt für mich bringen sollte, welche Wirkung der ‚Sprung über den Seinsgraben' auf mein weiteres Leben haben sollte. Nein, mein geistlicher Begleiter hatte immer noch dieselbe Person vor sich, die fast zehn Jahre zuvor das erste Mal durch die Klosterpforte geschritten war. Biographisch verändert wohl, aber nicht durch die äußere ‚Würde' eines Amtes.

12.

So begann auch die Zeit nach meiner Weihe als Neupriester. Eine Zeit des ersten Groundings. Hatte ich alle Vorbereitungen zu meinen Weihefeierlichkeiten im Kreis der engsten Pfarreimitglieder getroffen, galt es nun nach der Weihe, auch die anderen Erfahrungen zu bewältigen: Erfahrungen mit Menschen, die einem Neupriester die Hand küssen wollten, die neben dem Primizsegen auch noch um spezielle Segnungen baten, deren völlige Wirksamkeit nur durch einen frisch geweihten Priester garantiert sein sollten. Die mit der Weihe eines Priesters geradezu magische Wirkungen verbanden. Mit meiner Weihe. – Ich hatte in meiner Weiheeinladung Gisbert Greshake zitiert:

Geweiht- und Geheiligtsein bedeutet, sich selbst genommen und Gott übereignet zu sein zum Dasein im Dienst und zu besonderer Sendung.[56]

Das stand jetzt an, zu einer Lebenswirklichkeit zu werden. Aber wie? Fraglos hatte die Weihe wohl in meinem tiefsten Innern „etwas mit mir gemacht". Dieses zutiefst einwirkende (Doppel-)Ereignis sollte mein Leben beeinflussen wie nichts zuvor. Es hat mein Alltagsleben verändert, es hat meine Gottesbeziehung verändert und es hat auch viele Beziehungen zu Menschen verändert. Aber: Bis zum heutigen Tag ist es mir ebenso wichtig, dass meine Weihe eben auch vieles nicht verändert hat. Ich habe mein vergangenes Leben weder über Bord noch vor den Altar geworfen, ich habe es auch nicht im Moment meiner Weihe in Gottes Hände abgegeben: Da war es schon zuvor, sonst wäre es zu dieser Weihe gar nicht gekommen. Aber die Weihe verwandelt keinen Kandidaten in eine Art ‚Jinni aus der Flasche', der nach der Handauflegung des Bischofs geradezu wundertätige Gaben hat. Mit derartigen, mal mehr, mal weniger deutlich formulierten Ansprüchen sind mir in den Gemeinden nun aber zahlreiche Menschen unmittelbar nach der Weihe begegnet. Solche Situationen hatte ich in meinen tiefsten Träumen nicht erwartet und entsprechend hilflos war ich auch in den ersten Momenten. Es waren nie solche Menschen, die mich als Mitarbeiter oder sonst wie etwa in den Weihevorbereitungen erlebt hatten, sondern immer Gläubige, die den Neupriester nun als Projektionsfläche für ihre persönlichen Anliegen an Kirche und Welt nutzten.

Ich war froh, als sich dieser Zustand nach einiger Zeit wieder legte. Ich habe mich mit diesen Begegnungen sehr

schwergetan. Sie sind mir aber dort in meiner Vikariats-
gemeinde nicht zum letzten Mal begegnet. Jahre später
in Arabien etwa, wo ich auch vier Priesterweihen miter-
leben konnte, hat sich diese Situation – auch in durchaus
verstärkter Ausprägung – wiederholt: Der (Neu-)Pries-
ter wird mit allen Wünschen befrachtet, die das eigene
Leben offenlässt, und soll so das Leben zu erfüllen helfen. Als Empfänger solcher Anliegen kann man sich da
nur irgendwie herauswinden und muss das noch geschickt
tun, um Verletzungen bei den Menschen, die dem Priester
doch nur Gutes wollen, zu vermeiden. Was aber „macht
das" mit Mitbrüdern, die sich solchen Situationen entweder nicht entziehen können oder, schlimmer noch, nicht
entziehen wollen?

13.

Die Persönlichkeit eines Priesters ist doch wie jede Persönlichkeit auch zu einem guten Teil die Antwort auf die
Umwelt eines Menschen. Die Kirche und ihre Gemeinden können da durchaus aktiv an den Persönlichkeiten, die
ihre Priester sind, mitschaffen. Kirchen und Gemeinden
können auch Chancen zur priesterlichen (Weiter-)Ent-
wicklung bieten. Wenn Gemeinden und Gemeinschaften
ihre Priester anbeten anstatt den Herrn, „macht das etwas" mit einer Priesterpersönlichkeit, und es ist nicht immer einfach für denjenigen, dazu Abstand zu halten. Wenn
Gemeinden ihre Priester zu einem bestimmten Grad einfach – ganz im augustinischen Sinn – als Mitchristen an-
sehen und sie auch einfordern, hat der Priester gar nicht
die Möglichkeit, in einem sozial luftleeren Raum Kaprio-
len zu entwickeln. Damit das aber funktioniert, braucht es

vielerorts einen Perspektivenwechsel, braucht es gesunde Beziehungen zwischen dem Priester und seiner Umwelt auf Augenhöhe. Und diese Beziehungen sind nie eine Einbahnstraße. – Vielerorts funktioniert das wohl sehr gut, man kann aber noch mehr tun.

Andererseits sind Ortskirchen und Gemeinden auch Spiegel einer Beziehungskultur. Wenn wir auf die Weltkirche schauen, kann man feststellen, dass an vielen Orten solche Priester im Sinne von ‚Jinni aus der Flasche‘ durchaus gewollt sind und derartige Vorstellungen massiv gefördert werden. Gerade in der asiatischen Glaubenskultur meines arabischen Umfeldes habe ich erlebt, wie nach einer Weihe der Kandidat mit seiner gesamten Familie – die Mutter zuerst – in der sozialen Anerkennung kometenhaft gen Himmel fuhr. In Indien, wo zwar das Kastensystem formell abgeschafft ist, erfährt es auf diesem Weg durch die Hintertür eine Renaissance – dieses Mal unter christlichem Vorzeichen. Hier findet die von Gisbert Greshake zitierte Charakterisierung des Priesteramtes keinen Widerhall: Der Dienst-Charakter, das Priestersein für andere, tritt in den Hintergrund zugunsten eines gesellschaftlichen „Aufstiegs“ des Kandidaten und seiner Familie. Der theologische und spirituelle Charakter des Priesteramtes tritt weit hinter die soziale Bedeutung des Priesterstandes zurück. Und Klerikalismus kann schließlich bunte Blüten treiben.

Die Vikariatsjahre nach meiner Weihe sowie alle weiteren Stellen in verschiedenen Gemeinden waren für die nächsten anderthalb Jahrzehnte sehr klerikalismusfrei. In allen Pfarreiteams, in denen ich mitarbeitete oder die ich leitete, gab es keine Möglichkeiten, klerikalistische Tendenzen auszuleben oder zu entdecken. Selbst wenn ich es gewollt hätte. Zu stark funktionierten die partizipativen Strukturen dieser Teams, die von den anstellenden Kirchenpflegern auch jeweils kontrolliert wurden. – Tatsächlich war das Zusammenwirken in allen Pfarreiteams stets davon geprägt, wie jeder Einzelne sich in seiner oder ihrer Rolle einbringen und auch zurücknehmen konnte. Das ist ein Balanceakt, den jeder und jede Mitarbeitende hinbekommen muss – und das ist dann völlig unabhängig von der Weihe. Die Weihe mag Aufgaben und Rollen definieren, aber nicht das persönliche Verhalten. Auch unabhängig von Geweihtsein oder Nicht-Geweihtsein gelingt Verhalten ganz generell halt nicht immer. Jeder Mitarbeiter langt im Arbeitsalltag daneben. Ich kann wohl auch auf eine längere Liste von Fehlverhalten zurückschauen. Vieles davon habe ich nicht selbst gemerkt, und dann war es wichtig, dass Kolleginnen und Kollegen laute oder leise Hinweise gegeben haben. Auch machte es Sinn, die Teamarbeit regelmäßig in Treffen mit Supervisoren zu reflektieren. Das ist nicht immer spaßig und schön, aber notwendig. Es hat sich bewährt, für alle Seelsorgeteammitglieder die Teilnahme an Supervision und Coaching verpflichtend zu machen. Priester etwa, die sich hier verweigern und Schwächen und Mängel unter dem Mantel des Geweihtseins verbergen wollen, sind entweder schon in klerikalistischen Verhaltensmustern verstrickt und handeln deswegen so oder sie sind auf dem besten Weg, in dieses Fehlverhalten abzurutschen. Natürlich ist Supervision und Coaching kein Allheilmittel. Mitarbeiter, mit denen nicht zusammenzuarbeiten ist, werden auch durch Supervision nicht unbedingt besser – vor allem dann nicht, wenn er oder sie eine Veränderung gar nicht will. Aber solche Maßnahmen helfen auch, Fehler und Mängel in Mitarbeitersystemen zu entdecken und zu benennen. Was oftmals der erste und wesentlichste Schritt zur Veränderung des Einzelnen sein kann.

14.

Der Tag kam, da ich schließlich doch noch eine massiv klerikalistische Kirche erleben konnte. Ich hätte nie gedacht, dass ich es einmal so erfahren würde. Aber diese Erfahrung hat mir klargemacht, dass die Kirche der Industrienationen eben nur ein Teil der Weltkirche ist, in dem das Thema ‚Klerikalismus‘ vergleichsweise gut und souverän gehandhabt wird. Es geht auch ganz anders.

Nach etwas mehr als 17 Jahren pastoraler Arbeit in Schweizer Gemeinden wollte ich es noch einmal mit ganz neuen Herausforderungen probieren. Über das Missionsinstitut der Schweizer Bischofskonferenz gelangte ich in das Apostolische Vikariat Südarabien. Mein Wohnsitz war von 2015 bis anfangs 2020 die Hauptstadt der Vereinigten Arabischen Emirate, Abu Dhabi, wo ich am Sitz des Apostolischen Vikars für Südarabien wohnte und arbeitete. Wie schon weiter oben erwähnt, wird die Kirche in den Ländern der Arabischen Halbinsel hauptsächlich aus Gläubigen vom indischen Subkontinent und aus den Philippinen gebildet. Daneben gibt es noch etliche Dutzend andere Nationalitäten und Kulturgruppen, die aber zahlenmäßig nicht so auffallen.

Zusammen mit einer amerikanischen Theologin war ich in der Leitung des Bischöflichen Departments für Katechese und Bildung tätig. Unser Department war das einzige im Vikariat, in dem eine nicht geweihte Theologin als Direktorin die geschäftsführende Leitung innehatte. Alle anderen Departments waren von Priestern geführt. Unsere Departmentsituation war in dieser Ortskirche – je nach Standpunkt des Betrachters – eine Herausforderung oder ein Skandal. Sich in kirchlichen Leitungspositionen nicht geweihte Kaderleute oder vielleicht sogar Frauen vorzustellen, hat in der Kirche Arabiens viele Pfarreimitglieder und noch viel mehr Priester gehörig gefordert und manchmal auch überfordert. Ich habe in diesen Jahren in Arabien kennengelernt, was es heißt, wenn wirklich ein ganzes Kirchenleben nahezu ausschließlich über die Weihe definiert wird. Es gab kein einziges Gremium, außer unserem Department keine einzige Behörde, keinen einzigen kirchlichen Vollzug, an dessen Spitze nicht ein Priester stand. Selbst wenn dieser für die jeweiligen Aufgaben offensichtlich nicht die notwendigen Kompetenzen mitbrachte, hatte der Priester die Letztentscheidung. An die Situation einer Erzdiözese München und Freising, wo im Ordinariat ab Januar 2020 eine Amtschefin für die operative Verwaltungstätigkeit zuständig ist und neben ihr der Generalvikar für Strategien, Inhalt und Theologie,[57] ist in Arabien in keiner Weise zu denken. – Ich erinnere mich auch gerne daran, wie mich mein ehemaliger Gemeindeleiter aus der letzten Schweizer Gemeinde zusammen mit seiner Frau in Arabien besucht hat und ich ihn dort den Mitbrüdern als „meinen ehemaligen Chef – verheiratet, fünf Kinder" vorstellte. Die Kommentare reichten von verwirrtem Blick bis zu der Anmerkung, mein Chef sei der Bischof. Das mochte dann wohl stimmen, stand aber so nicht in meinem letzten Vertrag.

Als Europäer könnte man sich nun zurücklehnen und denken, dass diese Kulturen ja weit weg sind, keinen Einfluss auf unsere Kirche haben und höchstens mit jenen in

Kontakt kommen, die das auch wollen. Das halte ich für einen schwerwiegenden Trugschluss. ‚Katholisch' meint auch: ‚globalisiert'. Was auch immer irgendwo in unserer Kirche vorkommt, kann auch woanders ankommen. Angesichts eines Papst Franziskus, der mit vielerlei Gesten und Worten radikal dagegen angeht, persönlich klerikalistisch zu wirken, bläst wohl den vielen Klerikalismusliebhabern in Rom wie überall in der Kirche ein immer stärkerer Wind ins Gesicht – das ist sicher so. Noch einmal diese zutiefst klerikalismuskritischen Worte des Papstes:

> Die Kirchenführer sind häufig Narzissten gewesen. Sie waren geschmeichelt und in schlechter Weise freudig erregt über ihre Höflinge. Der Hof ist die Lepra des Pontifikats.[58]

Das aber wird die Klerikalisten in dieser Weltkirche nicht abhalten. Dann wird man vielmehr mit Dankbarkeit all jene kirchlichen Kulturräume zur Kenntnis nehmen und durch entsprechende Positionierungen ihrer Vertreter in kirchlichen Leitungsetagen fördern, in denen klerikalistische Lebensvollzüge noch munter und erfolgreich bunte Blüten tragen. Allein die Tatsache, dass in den Kirchen Asiens und Afrikas der Priesternachwuchs boomt, während er in den Industrienationen zurückgeht, lässt schon zur Genüge davon ausgehen, dass auch die Entwicklung klerikalistischer Verhaltensmuster von Priestern in der Kirche vorangehen wird. Meine Erfahrungen auf der Arabischen Halbinsel haben mir gezeigt: Auch wenn etwa eine Kirche Europas, Amerikas und anderenorts mit Papst Franziskus an der Spitze sich den Kampf gegen Klerikalismus auf die Fahnen geschrieben hat, halte ich die universalkirchliche Entwicklung viel eher für gegenläufig. Eine gesamtkirchliche Lösung für das Problem ‚Klerikalismus‘ sehe ich nicht. Im Gegenteil: Lösungen lassen sich, wenn überhaupt, nur auf Teilkirchenebene erwirken oder besser noch in kleinstmögliche Zellen der Gesellschaft und der Kirche einsäen wie etwa in Familien und Pfarreien. Und dort, wo diese Zellen gedeihen, wird sich entscheiden, ob Klerikalismus zurückgeht oder eben weiterlebt.

3. Lösungen, kein Make-up bitte: Es geht nur radikal

Wie gesagt: Ich bin nicht sonderlich optimistisch, dass (klerikalistisches) Machtmissbrauchsgehabe aus unserer Kirche zu verbannen ist. Zu komplex sind die Zwischenabhängigkeiten, die solches Verhalten möglich machen. Beruhigend ist: In vielen Momenten des pastoralen Alltags ist Klerikalismus kein Thema, ist die Pastoral durch gesunde Beziehungen zwischen allen Beteiligten geprägt. Dennoch zeigen die derzeitigen weltkirchlichen Entwicklungen, dass es immer noch zu viele klerikalistische Baustellen gibt, denen Herr zu werden fast unmöglich ist. Zu groß die Versuchung für solche, die sich solchem Gebaren hingeben wollen – Kleriker und Nichtgeweihte. Am 3. Juli 2019 meldete die Katholische Nachrichtenagentur:

Laut einer neuen Studie eines Forscherteams um den Mannheimer Psychiater Harald Dressing ist die Zahl der Missbrauchsvorwürfe gegen katholische Priester seit 2009 nicht rückläufig. Auch bei der Zahl der entsprechenden Strafanzeigen gegen Geistliche lasse sich kein Rückgang erkennen.[59]

1.

Wer ist jetzt wirklich überrascht? Papiere mit Regeln reichen längst nicht mehr aus – auch das zeigt die derzeitige

Realität: Jene Kleriker, die Herrschaftsgebaren ausleben und Nichtgeweihte in Abhängigkeitsverhältnissen ausnutzen, sind keine Einzelfälle. Dort, wo Klerikalismus lebt, kann man getrost von breit angelegten kirchlichen Situationen reden, in denen solche, die sich anders verhalten, auffallen und schnell auch sanktioniert werden. Lösungen müssen daher radikal sein – ganz wörtlich: bei der Wurzel des Übels ansetzen.

Das ist in einer so hochkomplexen Institution wie der katholischen Kirche aber fast nicht machbar. Letztendlich wird es auf teilkirchliche Entwicklungen, Maßnahmen und Lösungen hinauslaufen. Das führt dann dazu, dass auch die Entwicklung des Phänomens ,Klerikalismus' in einigen Teilen der Weltkirche einen günstigeren Verlauf nehmen wird als in anderen. Das wiederum wird auch den Verlauf von Vorkommnissen, die als direkte Folge von Klerikalismus zu sehen sind, verschieden beeinflussen. Das heißt im Klartext: Wir werden damit leben müssen, dass in verschiedenen Teilen der Weltkirche Klerikalismus ein quietschlebendiges Phänomen bleiben wird – und dass demzufolge dort auch geistlicher und körperlicher Missbrauch weiterhin vorkommen wird. Und – wie schon festgestellt: Als Kirche in den Industrienationen können wir uns nicht zurücklehnen und meinen, damit ja nichts zu tun zu haben, auch wenn vielleicht (aber nicht notwendigerweise) das Phänomen Machtmissbrauch hier rückläufig sein könnte. Solange etwa Hilfsgelder von europäischen Hilfswerken und anderen Arten der Unterstützung in Teile der Weltkirche fließen, wo Klerikalismus und Missbrauch nicht massiv bekämpft werden, gibt es für dieses Zurücklehnen keinen Grund. Globalisierung mag ein wirtschaftlicher Terminus sein, der im letzten Jahrhundert entstanden ist. Die Kirche hingegen war immer schon katholisch, allumfassend, global: „Geht hinaus in alle Welt" (Markus 16,15b), hat Jesus seinen Jüngern nach seiner Auferstehung aufgetragen.

2.

Im Jahr 1516 hat der britische Lordkanzler und Renaissance-Autor Thomas Morus seinen Roman „De optimo rei publicae statu deque nova insula Utopia" (Vom besten Zustand des Staates und der neuen Insel Utopia) veröffentlicht. Thomas Morus hat mit seinem Roman ein Idealbild einer Gesellschaft gezeichnet. Es basiert auf republikanischen Grundsätzen und vor allem auf vielen Regelungen. Dem Werk liegen antike Ideen wie Ciceros ‚De re publica' oder Platons ‚Politeia' zugrunde. Es lässt sich in ‚Utopia' ein gewisser satirischer Umgang mit diesen antiken Werken und deren Ideen feststellen. Thomas Morus tritt in seinem Werk selbst auf, indem er die Berichte über die Gesellschaftssituation auf der Insel ‚Utopia' immer wieder kritisch hinterfragt und damit zu erkennen gibt, dass das, was er dort als den besten Zustand eines Staates beschreibt, durchaus noch Fragen aufwerfen kann. Schon der Titel ‚Utopia' ist bereits ein wenig bös: ‚U-topia', zu Deutsch ‚Nicht-Ort', lässt uns wissen, dass die Vorstellungen des Buches in dieser Welt eigentlich gar nicht zu verorten sind, dass sie nur schwerlich einen Platz hier auf Erden finden können. Und trotzdem hat Morus seine Ideen als konkrete Vorstellungen eines Gesellschaftssystems dargestellt, mit denen er wohl Kritik an der Gesellschaft seiner Zeit anbringen, aber auch für Verbesserung werben wollte – wohlwissend, dass sich das England des Heinrich VIII. nicht einfach so umkrempeln ließ. Politisch hat Thomas Morus dabei durchweg klug und diplomatisch taktiert. Allein, wenn es um seine Treue zur katholischen Kirche ging, war er weniger diplomatisch. So verfiel er schließlich beim romfeindlichen König Heinrich in Ungnade und beendete im Juli 1535 sein Leben auf dem Schafott.

Vielleicht hält nun die Idee von ‚Utopia‘ etwas mehr als 500 Jahre später ein wenig bereit für einen Umgang mit dem Thema ‚Klerikalismus‘ in der Weltkirche. Den Grundzügen der Idee von Morus' Werk werden die entsprechenden Ausführungen folgen. Ich möchte dabei einige Handlungsvorschläge gegen Klerikalismus skizzieren, die vielleicht u-topisch daherkommen mögen, aber doch helfen könnten, des Problems in Ansätzen Herr zu werden. Ich möchte hier nicht allein nur kritische Anmerkungen machen, sondern auch aufzeigen, wie man konstruktiv in die Zukunft voranschreiten könnte – wohl wissend, dass es für manchen dieser Schritte unglaublich viel Mut braucht. Ich möchte einladen, diese Ideen zu bedenken, selbst wenn sie für manches Auge und Herz arg gewagt daherzukommen scheinen.

Als Erstes aber will ich populäre Lösungen gegen Klerikalismus aus der öffentlichen Diskussion anschauen, bei denen ich einige Bedenken für angebracht halte.

3.

Für die Diskussion von Lösungsideen gegen Klerikalismus arbeite ich mich im Folgenden durch die verschiedenen Hierarchiestufen der katholischen Kirche von oben nach unten. Und das meint auch: vom Ort der unwahrscheinlichsten Lösung zu Stellen, wo sich vielleicht etwas machen lässt.

Für die Ebene der Weltkirche werden immer wieder zwei Lösungen diskutiert, die angeblich probate Mittel gegen Klerikalismus darstellen sollen: die Weihe von Frauen und die Abschaffung des Zölibates.

Im Jahr 1994 schrieb Papst Johannes Paul II. an die Bischöfe der Weltkirche über die Priesterweihe für Frauen:

> Die Priesterweihe, durch welche das von Christus seinen Aposteln anvertraute Amt übertragen wird, die Gläubigen zu lehren, zu heiligen und zu leiten, war in der katholischen Kirche von Anfang an ausschließlich Männern vorbehalten. […] Damit also jeder Zweifel bezüglich der bedeutenden Angelegenheit, die die göttliche Verfassung der Kirche selbst betrifft, beseitigt wird, erkläre ich kraft meines Amtes, die Brüder zu stärken (vgl. Lukas 22,32), dass die Kirche keinerlei Vollmacht hat, Frauen die Priesterweihe zu spenden, und dass sich alle Gläubigen der Kirche endgültig an diese Entscheidung zu halten haben.[60]

‚Wir haben fertig', möchte man resümieren wie einst Bayern-Trainer Giovanni Trapattoni. Damit sollte die Diskussion über die Weihe von Frauen zu Priesterinnen beendet sein. Aber jeder Mensch weiß: Gerade was verboten ist, reizt. Und so blieb das Thema ‚Frauenweihe' eben auch ein Reizthema. Als die schwedische Fernsehjournalistin Anna Kristina Kappelin gegenüber Papst Franziskus während der fliegenden Pressekonferenz auf dem Weg von Schweden zurück nach Rom bemerkte, dass die evangelisch-lutherische Kirche Schwedens eine Frau an der Spitze habe, versuchte Papst Franziskus einmal mehr, der Diskussion den Riegel vorzuschieben, und bekräftigte die Haltung seines Vorgängers unmissverständlich:

Hinsichtlich der Weihe von Frauen in der katholischen Kirche hat der heilige Johannes Paul II. das letzte klare Wort gesprochen, und das bleibt.[61]

Es funktioniert aber nicht. Das Eisen bleibt heiß. Und die Diskussion lebt. Auf die Frage, ob je Priesterinnen geweiht werden, hat der Fribourger Moraltheologe Daniel Bogner seiner Hoffnung Ausdruck gegeben:

Ich hoffe es sehr. Es ist eine Zukunftsfrage der Kirche. Wenn sie es nicht schafft, in dieser Frage konstruktiv weiterzukommen, wird sie ihrer eigenen Botschaft untreu.[62]

4.

Zeitgleich mit dem 25. Jahrestag von „Ordinatio Sacerdotalis" haben aktive Frauen und Männer der Gemeinde Heilig Kreuz in der Diözese Münster die Aktion „Maria 2.0" gestartet. Was als ein kleiner Lese- und Gesprächskreis einer Ortsgemeinde begann, hat sich bald als Protestaktion vornehmlich von Frauen über das ganze deutschsprachige Europa ausgebreitet. Vorrangige Motivation dieses Protestes waren die kirchenweiten Berichte über die Fälle sexuellen Missbrauchs. Der Protest sollte im ‚Kirchenstreik' gipfeln: Eine Woche lang haben die protestierenden Frauen und auch etliche Männer im Marienmonat Mai 2019 keine Kirche mehr betreten und jeglichen Dienst niedergelegt. Höhepunkt der Aktion war schließlich eine Online-Petition an Papst Franziskus. Darin heißt es:

Heiliger Vater, […]
Wir beklagen

- die vielen bekannten und unbekannten Fälle von Missbrauch und Verletzungen jeglicher Art in der römisch-katholischen Kirche
- deren Vertuschung und Verdunkelung durch Amtsträger
- das Fehlen glaubhafter Entschuldigungen und echter Hilfe für alle, denen Gewalt angetan wurde
- dass deshalb viele Menschen der Kirche die Botschaft nicht mehr glauben.

Darum fordern wir, wie schon viele vor uns:

- kein Amt mehr für diejenigen, die andere geschändet haben an Leib und Seele oder diese Taten geduldet oder vertuscht haben
- die selbstverständliche Überstellung der Täter an weltliche Gerichte und uneingeschränkte Kooperation mit den Strafverfolgungsbehörden
- Zugang von Frauen zu allen Ämtern der Kirche
- Aufhebung des Pflichtzölibats
- kirchliche Sexualmoral an der Lebenswirklichkeit der Menschen auszurichten.[63]

Die Beobachtungen zum Thema ‚Missbrauch‘, die die Initiantinnen und Initianten hier formulieren, sind völlig nachvollziehbar und auch mehr als hinreichend aktenkundig. Auch die aufgestellten Forderungen sind zu unterstützen. Was nun ins Auge sticht, ist die Komposition der Petition. Sie wirft Fragen auf. Wie zum Beispiel: Warum kann mit dem Zugang von Frauen zu allen Ämtern Machtmissbrauch jeglicher Art unterbunden werden? Wenn da die Vorstellung mitschwingt, dass Frauen keinen

Machtmissbrauch betreiben, wäre das reichlich naiv. Die Journalistin und kritische Feministin Judith Sevinç Basad hat klar zum Ausdruck gebracht:

> Chauvinismus ist keine Frage des Geschlechts. Auch Frauen können machtgeil sein, Raum einnehmen und anderen mit ihrem dicken Ego auf die Nerven gehen.[64]

Schaut man sich nur einmal in verschiedenen Frauenklöstern um, entdeckt man schnell, wie im Ordensleben von Frauen Machtverhalten, das Klerikalismus in nichts nachsteht, gang und gäbe sein kann. Mit einem Schmunzeln erinnere ich mich an Ordensschwestern der arabischen Rosary Congregation in Abu Dhabi, die sich beim Messbesuch so gut wie nie unter die Gläubigen in der Kirche mischten, sondern immer in der Sakristei den Gottesdienst mitfeierten, um sich vom gemeinen Gottesvolk fernhalten zu können. Nachdem ich mein Unverständnis darüber verschiedene Male mit ihnen besprochen habe, sind sie halt immer erst gekommen, nachdem ich bereits zur Messfeier in die Kirche ausgezogen war, und dann vor dem Schlusssegen verschwunden.

Sicher ist das noch die harmlose Variante klerikalistischen Verhaltens von Ordensschwestern. Im Zuge des kirchenweiten Missbrauchsskandals werden nun auch immer mehr Fälle von physischem Missbrauchsverhalten durch Ordensschwestern bekannt. Und vermutlich ist der Deckel dieser Pyxis der Pandora gerade erst einmal leicht angehoben. Sicher: All diese öffentlichen Darstellungen müssen mit einer gewissen Vorsicht betrachtet werden. Nicht immer sind alle Anklagen berechtigt, und je mehr falsche Verdächtigungen[65] getätigt werden, desto mehr schwindet die Glaubwürdigkeit der Opfervertretungen. Das ist klar.

5.

Im Jahr 1988 hat die US-Amerikanerin Barbara Blaine das „Survivors Network of those Abused by Priests" (SNAP), die älteste Vertretung von Opfern von Missbrauch durch Priester, gegründet. In der Zwischenzeit ist dieses Opfernetzwerk allerdings auch nicht mehr so ganz über alle Zweifel erhaben, vor allem nachdem es zu offensichtlich falschen Missbrauchsanklagen gegen Priester im Bundesstaat Missouri gekommen ist.[66] Dennoch sollen die Berichte über Missbrauchsfälle durch Ordensschwestern aus den Archiven dieses Netzwerks nicht unerwähnt bleiben. Sie deuten an, dass Missbrauchssituationen nach dem Schema Mann = Täter, Frau oder Minderjähriger = Opfer so nicht abzuhandeln sind. Machtmissbrauch ist vielleicht ein überwiegend, aber nicht ein allein männliches Thema. So berichtete gerade jüngst zeitgleich mit einem Treffen amerikanischer Bischöfe im Januar 2019 zum Thema ‚Missbrauch' der US-Hörfunk- und Fernsehsender CBS auf seiner Website von einem weiteren Fall von Missbrauch durch eine Ordensschwester.[67] Dazu verwundert es dann, dass etwa die Konferenz amerikanischer Ordensoberinnen LCWR anscheinend verschiedene Anfragen nach Stellungnahmen zu solchen Vorwürfen zurückweist.[68] Die Situation in der Kirche ist sicher überall angespannt, und wenn Organisationen zu vorsichtiger, taktierender Kommunikation neigen, ist das verständlich. Aber auf der anderen Seite hilft jetzt nur noch größtmögliche Transparenz, um jeglichen Vorwürfen zu begegnen. Und selbst das wird nicht überall nützen.

Die Frage nach dem Missbrauch durch Ordensschwestern macht also klar, dass das Thema ‚Machtmissbrauch‘ ebenso wie das Thema ‚Sexueller Missbrauch‘ sich nicht allein auf Männer beschränken lässt. Aus dieser Perspektive muss man dann eben auch nachdrücklich fragen, wieso die Weihe von Frauen helfen soll, Klerikalismus abzuschaffen. Der Klerikalismus von Priesterinnen wird sich genauso ausbreiten wie jener der Priester. – Ich halte es zudem für unredlich, die Ordination von Frauen zu nutzen, um Probleme zu lösen. Das wäre unfair den möglichen Kandidatinnen gegenüber, die für Zwecke instrumentalisiert werden, für die sie nicht antreten wollen. Wenn man Frauen ordiniert, dann der Frauen wegen. Wenn Frauen ordiniert werden wollen und sollen, dann weil Christus sie gerufen hat. Aus keinem anderen Grund. Es muss eine grundsätzliche Entscheidung sein – gefällt in dem Bewusstsein, dass nicht nur Fragen gelöst, sondern auch neue Probleme aufgeworfen werden.

6.

Eine andere Lösung gegen Klerikalismus, die sich immer wieder in der öffentlichen Diskussion findet, meint die Abschaffung des Pflichtzölibates. Nicht, dass es keinen Sinn macht, die Ehelosigkeit der Priester in Frage zu stellen. Sicher ist auch: Die soziale Gemeinschaft einer Familie mit mehreren Generationen würde für den Priester ein geeignetes Korrektiv darstellen. Was an schrägen Verhaltensweisen eine Gemeinde dem Herrn Pfarrer noch durchgehen lässt, würde einem Vater und Ehemann so schnell nicht nachgesehen. Aber mit der Aufhebung des Zölibats kommt der Priester nun auch ganz offiziell mit Sexualität in Kontakt. In vielen Kulturen, in denen Sexualität mit massiven Makeln behaftet ist, würde die Preisgabe der Kleriker an eine derartige ‚Profanität‘ des Lebens einen Skandal darstellen. Es darf mit erheblichen Protesten in der Weltkirche gerechnet werden. Manche sehen hier sogar die Gefahr einer Kirchenspaltung. Hier spielen die Stärke und der Charakter des kulturellen Kontexts eine bedeutende Rolle. So lässt sich dann auch ein Wechselspiel beobachten: In Kulturen, in denen die Einflussnahme des Klerus groß ist und durchweg herrschaftliche Züge hat, wird verständlicherweise auch dessen Lebensform nicht in Frage gestellt. Von dort darf nicht zu erwarten sein, dass Stimmen, die die Aufhebung des Zölibates fordern, hörbar laut werden. Die Amazonas-Synode im Herbst 2019, in deren Abschlusspapier der Vorschlag enthalten ist, in entlegenen Gebieten Amazoniens gestandene Familienväter (viri probati) zu Priestern zu weihen[69], hat wohl der Diskussion eine neue Perspektive gegeben. Wie die Kontroverse für die ganze Weltkirche ausgehen wird, wird sich weisen.

Man muss aber gar nicht in die weite Welt schauen, um Kontroversen zu finden. Unter dem Titel „Das Ende des Zölibats scheint möglich“ lässt der Tagesspiegel-Redakteur Frank Bachner verschiedene deutsche Bischöfe zu Wort kommen, mit deren Aussagen die Bandbreite der Haltungen zum Zölibat allein in Deutschland sichtbar wird. So wird der Bischof des Bistums Essen, Franz-Josef Overbeck, zitiert mit der Feststellung, ‚man müsse über den Zölibat reden‘, aber nicht nur über den Zölibat, sondern grundsätzlich über eine ‚Weiterentwicklung‘

der katholischen Sexualmoral. Aus einem Interview mit der theologischen Zeitschrift „Herder Korrespondenz" zitiert Bachner den Mainzer Bischof Peter Kohlgraf mit den Worten:

> Ich glaube nicht, dass wir in dieser Zeit noch den Kopf in den Sand stecken können und sagen: ‚Wir sitzen das Thema aus.'[70]

Auch der Vorsitzende der Deutschen Bischofskonferenz, Reinhard Marx, fordert in Sachen Zölibat „eine ehrliche Diskussion". Aber es gibt auch die anderen Stimmen. Der Regensburger Bischof Rudolf Voderholzer wie auch Bischof Franz Jung von Würzburg sehen zur zölibatären Lebensform keine Alternative. Angesichts dieser Divergenzen allein in Deutschland mutet die Aussage des Münsteraner Kirchenrechtlers Thomas Schüller, der Zölibat könnte schon nach der Amazonas-Synode fallen,[71] recht sportlich an. Auch wenn das Abschlussdokument der Synode festhält, dass die Priesterweihe für verheiratete Männer aus der Kirche des Amazonas-Gebietes möglich sein soll, ist eben von einer generellen Aufhebung des Zölibats für die ganze Kirche keine Rede. Erzbischof Marx erteilte der Wahrscheinlichkeit einer solchen allgemeinen Abschaffung des Zölibats dann unmittelbar nach der Synode auch eine Absage.[72] Bei der Beendigung dieses Buchmanuskripts stehen die Entscheidungen des Papstes noch aus. Es sieht so aus, als sei in Rom wohl einiges an Bewegung entstanden. Wohin sie führen wird, werden wir sehen.

Unabhängig von der Amazonas-Synode hat die Deutsche Bischofskonferenz auf ihrer Frühjahrs-Vollversammlung im März 2019 beschlossen, die Probleme der deutschen Kirche – die Missbrauchsthematik zuerst – in einem Synodalen Weg anzugehen. Kardinal Marx hält im Pressebericht dazu fest:

> Wir werden Formate für offene Debatten schaffen und uns an Verfahren binden, die eine verantwortliche Teilhabe von Frauen und Männern aus unseren Bistümern ermöglichen. Wir wollen eine hörende Kirche sein. Wir brauchen den Rat von Menschen außerhalb der Kirche.[73]

Auf diesem Synodalen Weg soll auch die Lebensform des Zölibats diskursiv betrachtet werden:

> Wir wissen, dass die Lebensform der Bischöfe und Priester Änderungen fordert, um die innere Freiheit aus dem Glauben und die Orientierung am Vorbild Jesu Christi zu zeigen. Den Zölibat schätzen wir als Ausdruck der religiösen Bindung an Gott. Wie weit er zum Zeugnis des Priesters in unserer Kirche gehören muss, werden wir herausfinden.[74]

7.

Das klingt gut. Welche Lösungen am Ende anstehen mögen, lässt der Beginn dieses Prozesses offen – und das muss auch so sein. Menschen mit verschiedenen Grundpositionen und Erfahrungen werden zum Austausch geladen und ihre Meinung zählt. Die Ergebnisse der Amazonas-Synode werden diesen Synodalen Weg sicher nicht unbeeinflusst lassen.

Aber noch einmal: Die deutsche Kirche ist nicht allein auf der Welt. In einem Brief an diese deutsche Kirche stellt

Papst Franziskus im Juni 2019 hinsichtlich der angestrebten Synodalität der Kirche fest, dass es Lösungen für die verschiedenen Problematiken in der Kirche braucht, dass aber all diese Lösungen immer nur im Konsens mit der Weltkirche („sensus Ecclesiae") stattfinden müssen:

> Die Weltkirche lebt in und aus den Teilkirchen, so wie die Teilkirchen in und aus der Weltkirche leben und erblühen; falls sie von der Weltkirche getrennt wären, würden sie sich schwächen, verderben und sterben. Daraus ergibt sich die Notwendigkeit, die Gemeinschaft mit dem ganzen Leib der Kirche immer lebendig und wirksam zu erhalten.[75]

Der Präsident der Bischofskongregation in Rom, Kardinal Marc Ouellet, hat Anfang September 2019 mit einem weiteren Brief an den DBK-Präsidenten Marx dahingehend noch einmal nachgelegt. Der Wandel wird für Teilkirchen und für die Universalkirche nicht ohne Konflikte abgehen. Oder er findet auf einem derart niedrigen Minimalkonsens statt, dass sich faktisch nichts tut. Wenn tatsächlich etwa die priesterliche Lebensform zur Disposition gestellt wird, dann wird das heißen, dass sich einmal mehr Meinungslager verfestigen und Kämpfe ausgefochten werden.

Nicht, dass Konflikte etwas Schlimmes wären: Sie begleiten die Kirche seit ihren ersten Stunden. Bereits kurz nach Jesu Tod und Auferstehung kochte in der jungen Kirche etwa die Frage hoch, was es denn brauche, um Christ zu werden. Judenchristen waren in das Missionsgebiet des Paulus gekommen und forderten, dass Christ nur werden könne, wer sich – wie diese Judenchristen – beschneiden ließ. Paulus trug den Konflikt zur Entscheidung nach Jerusalem. Dort traten die Apostel und die Ältesten der Gemeinde zusammen, um eine Lösung zu finden. So ist von dieser Versammlung der Beschluss überliefert: Beschneidung nein, aber:

> Man weise sie [die Heidenchristen] nur an, Verunreinigung durch Götzenopferfleisch und Unzucht zu meiden und weder Ersticktes noch Blut zu essen (Apostelgeschichte 15,20).

Paulus hingegen weist diese Beschlüsse zurück:

> Speise aber wird uns Gott nicht näherbringen (1. Korintherbrief 8,8a).

Um dann aber schließlich für ‚Ruhe im Dom‘ zu sorgen, lässt Paulus mit Blick auf die Judenchristen ‚seine‘ Heidenchristen wissen:

> Wenn darum eine Speise meinem Bruder [dem Judenchristen] zum Anstoß wird, will ich bis in Ewigkeit kein Fleisch mehr essen, um meinem Bruder keinen Anstoß zu geben. (1. Korintherbrief 8,13)

Das Vorgehen des Paulus war klug und diplomatisch. Gelöst zugunsten von Frieden und Einheit innerhalb der neuen christlichen Bewegung war das Problem aber keineswegs, von ‚Ruhe im Dom‘ keine Spur. Im Gegenteil: Alsbald entwickelte sich die Auftrennung von Judenchristen und Heidenchristen, die sich nicht unbedingt durch religiöse oder kulturelle Herkunft unterschieden, sondern vielmehr oftmals durch selbstgewählte Zugehörigkeit zu einer der beiden Gruppen, immer mehr.

Es lässt sich erkennen: Dieses erste Konzil war wie viele andere folgende auch zum einen nicht nur durch das Verlangen nach Klärung von Sachfragen geprägt, sondern auch massiv durch Politik und Eigeninteressen von Gruppen und Personen. Und zum anderen standen an seinem Ende auch genauso viele Fragen wie am Anfang, nur andere.

8.

Das ist heute nicht anders. Wenn also unter anderem die Frage des Zölibats für die Kirche in Deutschland auf einem Synodalen Weg gelöst werden soll, ist das ein Lösungsansatz mit urkirchlicher Tradition – freilich. Aber man muss sich bewusst sein, dass die Lösung der einen Frage neue und andere Fragen, Probleme und Konflikte aufwerfen wird: Diese Konsequenz zieht sich wie ein roter Faden durch die Konzilsgeschichte. Das gilt vor allem dann, wenn sich nur eine Teilkirche auf einen Synodalen Weg macht. Das muss nicht unbedingt ein Unglück sein. Es gibt Preise, die man zahlen muss. Jeder Mensch in einer Partnerschaft weiß: Ein in Fairness und gegenseitiger Achtung ausgetragener Konflikt, der sich um eine Win-win-Lösung müht, kann wie ein reinigendes Gewitter sein. Wenn es hilft, in der Kirche Machtmissbrauch und damit verbundenes Leiden, das der Frohbotschaft Jesu entgegensteht, einzudämmen, dann gibt es kaum einen Preis, der zu hoch ist. Die Veränderungen, die folgen, sind dann aber – wie gesagt – entweder radikal oder nutzlos. Und sind sie radikal, werden sie an der einen oder anderen Stelle heftigst weh tun. Erschüttern. Vielleicht sogar gefährden. Das muss man wollen und zulassen. Der Evangelist Lukas erzählt diese Geschichte:

Ein Sturmwind fuhr auf den See herab; das Wasser schlug in das Boot und sie gerieten in Gefahr. Da traten sie zu ihm und weckten ihn; sie riefen: Meister, Meister, wir gehen zugrunde! Er stand auf, drohte dem Wind und den Wellen und sie legten sich und es trat Stille ein. Er aber sagte zu ihnen: Wo ist euer Glaube? (Lukas 8,23–25).

Auf der anderen Seite der Spannung steht da das Wort von Papst Franziskus, der über alle Evangelisierung und Erneuerung die Einheit setzt:

> Dazu ist es notwendig, sich auf ein Prinzip zu berufen, das zum Aufbau einer sozialen Freundschaft unabdingbar ist, und dieses lautet: Die Einheit steht über dem Konflikt.[76]

Nun darf hier auch nicht unerwähnt bleiben, dass innerhalb dieser Einheit der katholischen Kirche hinsichtlich des Themas ‚Zölibat' bereits eine gewisse Unterschiedlichkeit herrscht. Die katholische Kirche besteht ja aus 24 Kirchen eigenen Rechts mit eigenen Riten und Traditionen unter dem päpstlichen Primat, von denen die lateinische Kirche die größte ist.[77] In einigen dieser Kirchen eigenen Rechts – etwa bei den Maroniten und Melkiten im Libanon – gibt es seit jeher auch verheiratete Priester. Allein Bischöfe und Ordensleute sind zum Zölibat verpflichtet. Das Kirchenrecht der Ostkirchen von 1990, der Codex Canonum Ecclesiarum Orientalium (CCEO), legt für die priesterliche Lebensform in den 23 nicht-lateinischen Kirchen eigenen Rechts grundsätzlich fest:

> Can. 373 – Der Zölibat der Kleriker, um des Himmelreiches willen gewählt und dem Priestertum sehr angemes-

sen, ist überall sehr hoch zu schätzen, so wie es Tradition der Kirche ist; ebenso ist der Stand der verheirateten Kleriker, der in der Praxis der jungen Kirche und der orientalischen Kirchen durch die Jahrhunderte bestätigt ist, in Ehren zu halten.

Heißt kurz: priesterlicher Zölibat ja, priesterliche Ehe auch. Weiter gibt es immer wieder auch verheiratete Geistliche anderer Konfessionen, die zur katholischen Kirche konvertieren und katholische Priester werden. Ihre Ehe bleibt erhalten. Im Jahr 2010 sind in Großbritannien fünf anglikanische Bischöfe konvertiert. Ihnen folgten kurz darauf etliche hundert anglikanische Gläubige. Für all diese konvertierten ehemaligen Mitglieder der Church of England und der Church of Wales hat der Apostolische Stuhl 2011 das Personalordinariat „Unserer Lieben Frau von Walsingham" errichtet. Hier sind alle zur katholischen Kirche konvertierten ehemaligen Anglikaner in England registriert, die den Riten und Traditionen der anglikanischen Kirche innerhalb der römisch-katholischen Kirche folgen wollen. Derzeit sind es ungefähr 3.500 Gläubige. Die Grundlage dieses Personalordinariates ist die 2009 von Papst Benedikt XVI. erlassene Apostolische Konstitution „Anglicanorum Coetibus". In den Ergänzungen zu dieser Konstitution heißt es über die Zulassung verheirateter, ehemaliger anglikanischer Bischöfe, Priester und Diakone zur katholischen Priesterweihe:

Art. 6 §1 […] Unter Berücksichtigung der anglikanischen kirchlichen Tradition und Praxis kann der Ordinarius den Heiligen Vater […] um die Zulassung verheirateter Männer zur Priesterweihe im Ordinariat bitten.[78]

Verheiratete, ehemalige anglikanische Bischöfe können in der katholischen Kirche nicht die Bischofsweihe empfangen. Der Ordinarius, also der Vorsteher des Ordinariates, ist ein zum katholischen Priester geweihter ehemaliger anglikanischer Bischof mit Familie, der in der Liturgie aber mit den Insignien eines katholischen Bischofs – Mitra, Stab – auftritt.[79]

Es lässt sich anhand dieser wenigen Beispiele erkennen: inmitten der Einheit der Kirche herrscht eine gewisse Uneinheitlichkeit. Damit ist in Sachen ,Zölibat' eben nicht alles klar. Angesichts dessen ist es schwierig, mit objektiven Argumenten der Aufhebung des Zölibates der Priester des lateinischen Ritus verhindernd begegnen zu wollen. Die Aufhebung des Zölibates in der Weltkirche verhindern werden am Ende nicht jene, die Argumente dagegen haben, sondern jene, die die Macht zur Verhinderung haben. Damit ist die Aufhebung des Zölibates, auch wenn sie ein gutes Mittel zur Eindämmung von Klerikalismus wäre, nicht eine Sache der Vernunft, sondern der Mächte in der Kirche. Schauen wir also, welch ein Geist über die Wasser des Amazonas in die Gewässer der Weltkirche getragen wird.

9.

Wenn von der Ebene der Weltkirche nicht unmittelbar radikale Veränderungen zu erwarten sein dürften, dann lässt sich vielleicht auf der Ebene der Ortskirchen eine Lösung finden. Klar: Auch hier kann es letztendlich nicht weniger radikal zugehen. Die Zeiten, in denen sich Missstände mit ein paar Make-ups kaschieren lassen, sind vorbei.

Nun fällt Klerikalismus ja nicht einfach vom Himmel – das wurde weiter oben schon hinreichend diskutiert: Klerikalismus ist anerzogen. Das heißt folglich auch: Man kann vom Klerikalismus loskommen, wenn man will. Das aber braucht entsprechende Voraussetzungen. Am besten beginnt man mit diesen Voraussetzungen gerade am Anfang: im Studium. Oder besser noch früher: in der Familie.

Priester wird man bekanntlich, indem man eine Berufung verspürt. Papst Johannes Paul II. schreibt über die Berufung zum Priester:

> Die Geschichte jeder Berufung zum Priester, wie übrigens auch jeder Berufung zum Christen, ist die Geschichte eines unvergleichlichen Dialogs zwischen Gott und dem Menschen, zwischen der Liebe Gottes, der den Menschen ruft, und der Freiheit des Menschen, der in der Liebe Gott antwortet.[80]

Ist diese Liebe einmal entflammt und hat sich nach dieser Erfahrung allmählich auch die Idee im Kopf eingenistet, dass der Priesterberuf etwas für einen ist, beginnt der Weg der Prüfung. Der startet für alle, die es bis dahin noch nicht getan haben, mit dem Chromosomensatz: Mit XX (dem weiblichen Geschlecht) ist es aus und vorbei. Auch das haben wir schon diskutiert. Hat man für sich entdeckt, dass es daran nicht scheitern wird, sucht man sich am besten jemanden, mit dem man darüber reden kann. Ich habe schon früher in diesem Buch an meine Jugendzeiten erinnert, als ein kirchlicher Berufungs- und Berufsweg zumeist in der Heimatgemeinde begann. Man war also Ministrant oder in anderen kirchlichen Jugendverbänden aktiv und damit zugleich recht nah an Seelsorgern dran, die den Werdegang eines kirchlichen Berufswunsches wenn nicht gefördert, so aber doch zumindest mitbekommen haben und begleiten konnten. In wenigen Ausnahmefällen haben kirchliche Berufswege als zweiter Beruf begonnen. Noch viel früher haben kirchliche Schulen oder Schulen in Ordensträgerschaften schon im Teenageralter kirchliche Berufungen gefördert. Diese Zeiten sind in ihrer Deutlichkeit Geschichte. Nicht, dass es diese Biographien nicht mehr gäbe, aber sie werden mehr und mehr zur Ausnahme.

Im Jahr 2016 resümierte Stephan Leimgruber, der Spiritual des Basler Priesterseminars, mit Blick auf die damals 17 Kandidaten des Bistums:

> Die heutigen Priesterkandidaten stammen betr. Sinusmilieustudien aus traditionsverwurzelten Milieus, nicht aus hedonistischen oder experimentellen Milieus, wie z. B. Jugendliche, die an der Streetparade teilnehmen. Die meisten sind aus der bürgerlichen Unter- und Mittelschicht, haben Geschwister und sind teilweise religiös sozialisiert, d. h. ihre Eltern (nicht alle) zeigten ihnen religiöse Praxis, während ihre Geschwister nur noch teilweise religiös praktizieren. Ein regelmäßiges Gebetsleben wird erst im Priesterseminar erworben.[81]

10.

Nachdem dann eine Entscheidung gefallen ist, macht sich der Kandidat auf den Weg. Für den Schulabgänger mit Hochschulreife heißt das: Eintritt ins Seminar und Studium an der nächsten – oft bistumseigenen – Theologischen Fakultät. Einige Diözesen haben dem Eintritt ins Seminar noch ein propädeutisches Jahr vorgeschaltet, das aber auch oft im Seminar selbst absolviert wird. Die Studenten leben während ihres Studiums im Theologenkonvikt, das mit der jeweiligen Universität verbunden ist. Die Aufteilung in Theologenkonvikt und Pastoralseminar (für die pastorale Ausbildung nach dem Studium) gibt es wohl vornehmlich im deutschsprachigen Raum – aber auch hier sind zumeist das Theologenkonvikt und das Pastoralseminar eine einzige Institution, ein einziges Haus: eben das Priesterseminar.

An der Theologischen Fakultät studieren die Priesteramtskandidaten zusammen mit den Kandidatinnen und Kandidaten für andere kirchliche Berufe, die ein theologisches Studium erfordern. Nach dem Abschluss des theologischen Magisters treten die Priesteramtskandidaten ins Pastoralseminar (eben zumeist ohne Standortwechsel) ein. Auch nach der Einführung des Bologna-Systems bleibt der theologische Magister, also das theologische Vollstudium, das das einstige theologische Diplom ersetzt, ein einzügiger Studiengang und ist nicht modularisiert wie andere Bologna-Studiengänge.

Die deutschsprachige Studienlandschaft für das theologische Vollstudium stellt sich so dar: In Deutschland gibt es 19 Hochschulen oder Fakultäten, an denen Theologie mit einem Abschluss, der für den Priesterberuf qualifiziert, studiert werden kann. In Österreich findet sich eine Auswahl von acht Studieninstitutionen, vier deutschsprachige sind es in der Schweiz sowie eine im Südtiroler Brixen. Vom weltkirchlichen Standpunkt aus auffallend und bemerkenswert: Die meisten dieser Fakultäten befinden sich in staatlicher Hand. In vielen Ortskirchen der Welt sind die Lehrinstitute in kirchlicher Trägerschaft von Diözesen oder Ordensgemeinschaften.

Das reguläre Studium bis zum theologischen Magister dauert fünf Jahre – wenn man nicht schludert oder zu sehr mit dem Erwerb der altsprachlichen Voraussetzungen kämpft. Das Leben der Priesteramtskandidaten ist kommunitär strukturiert. Wo es die Zahlen noch hergeben, wohnt man im Seminar in Wohngruppen. Im Seminar wird das priesterliche Gebets- und Liturgieleben eingeübt. Während ihres Studiums gehen die Kandidaten in die Freisemester. Diese zwei Semester verbringt der Student an einer anderen Theologischen Fakultät im Inland oder Ausland. Hier soll er nicht in einer kirchlichen Institution wohnen, sondern in einem eigenen Zimmer oder einer WG wie andere Studierende auch.

Nach dem Studium erfolgt die zumeist zweijährige pastorale Ausbildung der Seminaristen im Pastoralseminar und in Gemeinden – in dieser Zeit wird die Diakonenweihe und am Ende der Seminarzeit für gewöhnlich die Priesterweihe empfangen.

Mehr und mehr Kandidaten haben sich nicht direkt nach der Gymnasialzeit und mit der Hochschulzulassung in den Händen für einen Weg zum Priesterberuf entschieden. Sie wählten zunächst nach der Schulzeit ein anderes Studium und gingen anschließend in einen säkularen Beruf. Oder sie haben die Schullaufbahn mit einem Schulabschluss beendet, der sie in eine Berufslehre und nachher in einen entsprechenden Beruf geführt hat. Im Jahr 2016 sind in Deutschland 96 Männer in ein Priesterseminar eingezogen[82] – lediglich 17 von ihnen kamen direkt von der Schule. Mit 34 Studierenden hat sich etwa ein Drittel während des Theologiestudiums dazu entschieden, den priesterlichen Berufsweg zu wählen, und ist ins Seminar eingezogen. 20 der 96 Neu-Kandidaten haben zuvor einen anderen Beruf ausgeübt.

Für solche Interessenten gibt es im deutschsprachigen Raum verschiedene Wege zum Priesterberuf. Wer die Hochschulreife mitbringt, macht sich auf den Weg durchs Theologiestudium – da gibt es kein zu hohes Alter. Auch der Witwer mit Kindern und Enkelkindern ist willkommen. Alles ist möglich – und letztendlich eine Frage dessen, wie sich die finanziellen Umstände regeln lassen und überhaupt die Einstellung zu einem ganz neuen Lebensentwurf aussieht. Kurzum: wie die Motivation, die Berufung „daherkommt". Dem, der kein Abitur hat, bietet sich der „zweite Bildungsweg" an: Die Hochschulreife kann an einem entsprechenden (kirchlichen) Institut nachgeholt werden. Danach zieht der Interessent ins Priesterseminar ein und beginnt das Theologiestudium an einer theologischen Fakultät. Der „dritte Bildungsweg" ermöglicht das Theologiestudium als Vorbereitung für den kirchlichen Beruf ohne Abitur. Der Abschluss ist das ‚Kirchliche Diplom' – es wird innerkirchlich einem an einer theologischen Fakultät erworbenen Abschluss gleichgestellt. In Deutschland, Österreich und in der Schweiz gibt es jeweils Ausbildungsinstitute für diesen ‚dritten Bildungsweg'.

11.

Dieser kurze Überblick über den Verlauf einer priesterlichen Ausbildung zeigt auf, dass von der geistlichen Berufung zum priesterlichen Dienst der Beruf des Priesters mit seinen spezifischen Kompetenzen und Fähigkeiten nicht zu trennen ist und dass sich in fast jeder Lebenssituation eines Kandidaten eine Lösung für einen Ausbildungsweg finden lässt. Diese Ausbildung von Priesteramtskandidaten in Seminaren ist – von der Warte einer 2000-jährigen Kirchengeschichte aus betrachtet –

eine verhältnismäßig junge Einrichtung. Mit Blick auf die priesterlichen Kompetenzen und Fähigkeiten hat das Konzil von Trient 1563 die Notwendigkeit einer fundierten Priesterausbildung erkannt und im Dekret ‚über das Weihesakrament' festgelegt, dass alle Diözesen, soweit sie es vermögen, ein Klerikerseminar einrichten sollen. Damit sollte damals endlich eine fundierte Ausbildung der zukünftigen Priester gewährleistet werden. Man halte sich vor Augen: Bis dahin war der Priesterberuf ein ‚Lehrberuf'. Im Pfarrhaus wurde der Kandidat vom Pfarrer unterwiesen, um schließlich dem Bischof zur Weihe vorgeschlagen zu werden. Und wer sollte im 16. Jahrhundert in die vom Trienter Konzil neu geschaffenen Priesterseminare einziehen?

In dieses Kolleg werden nur solche aufgenommen, die wenigstens zwölf Jahre alt sind und aus einer legitimen Ehe stammen, die auch schon ordentlich lesen und schreiben können und deren Begabung und Wille die Hoffnung nährt, dass sie einmal die kirchlichen Dienste auf Dauer ausüben werden.

Zwölfjährige am Beginn des Weges zum Priesteramt, der schließlich ihre ganze Jugendzeit umfasste? In den folgenden 400 Jahren hat sich das Wesen der Jugendzeit offensichtlich tiefgründig verändert. Vor diesem Hintergrund hat 1965 das II. Vatikanische Konzil mit dem Dekret „Optatam totius" unter Berücksichtigung der „schon durch Jahrhunderte praktisch bewährten Gesetze"[83] die Ausbildung der Priester neu geregelt. Das Seminar bleibt wohl „das Herz der Diözese"[84]. Über dieses heißt es im Konzilsdokument:

Die Priesterseminare sind zur priesterlichen Ausbildung notwendig. In ihnen muss die gesamte Ausbildung der Alumnen dahin zielen, dass sie […] zu wahren Seelenhirten geformt werden; sie müssen also zum Dienst am Wort vorbereitet werden, […] zum Dienst des Kultes und der Heiligung, […] zum Dienst des Hirten, […] und dass sie Diener aller werden und so viele gewinnen. Daher müssen alle Bereiche der Ausbildung, der geistliche, intellektuelle und disziplinäre, harmonisch auf dieses pastorale Ziel hingeordnet werden […][85]

Seit diesem Dekret sind wiederum gut 55 Jahre ins Land gegangen und die Zeiten haben sich einmal mehr gewandelt – aber auch die Priesteramtskandidaten, ihre Lebensumstände und die Herausforderungen, denen sie sich im Leben stellen müssen. Zwölfjährige Teenager unserer Zeit probieren heute eher ihre erste Zigarette oder den ersten Joint, die wenigsten denken wohl an eine Priesterausbildung. Heutige Schulabgänger im anfänglichen Twen-Alter und damit potentielle Kandidaten befinden sich für gewöhnlich in gänzlich anderen Lebensumständen als in den 60er und 70er Jahren des vergangenen Jahrhunderts – die Charakteristika der Alterscluster wurden weiter oben schon dargestellt.

Auch die kirchliche Situation war 1965 völlig anders. Sicher hat es auch zu Zeiten des II. Vatikanums Machtmissbrauch, auch Missbrauch in sexueller und anderer physischer Form gegeben. Nur hat das niemand zu sagen gewagt und damit war es nicht existent. Heute ist die Situation anders. Machtmissbrauch, neben anderem auch der Klerikalismus, kann und muss beim Namen genannt werden und Priesteramtskandidaten müssen lernen, solchen

Verhaltensweisen nicht zu erliegen: Sie sollen „Diener aller werden und viele gewinnen", nicht sie beherrschen und ge- oder gar missbrauchen. Aber wie soll das zuverlässig gewährleistet werden?

Vor dem Hintergrund dieser Frage muss diskutiert werden, ob heutige Seminarausbildung hier tatsächlich prophylaktisch wirken kann. An dieser Stelle können nur rudimentäre Ideen skizziert und Hinweise gegeben werden. Aber für sie gilt dasselbe wie für alle Ideen gegen Klerikalismus auch: Sie müssen das Übel bei der Wurzel packen oder es wird weiter gedeihen. Gerhard Schneider, Weihbischof der Diözese Rottenburg-Stuttgart, ehemals Zuständiger für Geistliche Berufe in der Diözese und selbst nach einer Berufslaufbahn bei der Deutschen Bundesbank zum Priesteramt gekommen, hat die heutige Situation der deutschen Priesterseminare eingehend analysiert. Mit Blick auf die Priesteramtskandidaten stellt er fest, dass

> nur in einer unmittelbaren biographischen und lebensweltlichen Verortung […] lehramtliche Aussagen zum Dienst und Amt des Priesters in die Priesterausbildung integriert werden [können]. [86]

Heutige Seminarstrukturen betrachtend, fordert Schneider, dass

> überkommene Strukturen und Selbstverständlichkeiten überdacht, modifiziert und gegebenenfalls aufgegeben werden. [87]

12.

Und so stellt sich auch die Frage: Kann die heutige Seminarausbildung die Entwicklung eines Hangs zum Machtmissbrauch verhindern, geradezu im Keim ersticken? Oder was braucht es dafür?

Zunächst ein paar Fragen zum Leben in einem Priesterseminar: Wenn sich jeden Tag Studenten in keinem anderen Kontext als Liturgie und Gebet begegnen, was ‚macht das‘ eigentlich mit ihnen und ihrer Beziehung zum Leben ‚draußen‘? – Natürlich stehen Sport und andere Aktivitäten sowie auch Begegnungen mit Kommilitoninnen und Kommilitonen an der Uni wohl auf dem Programm, aber sie werden mühsam induziert, sie ergeben sich nicht natürlicherweise.

Wenn sich jeden Tag Studenten in einem Seminar auf ihre zukünftige herausragende Rolle in der Kirche konzentrieren, wie sozial kompatibel macht sie das denn mit den Menschen außerhalb dieses Dunstkreises?

Was macht das mit Studenten, die sich in Gebet und Liturgie wohl auf ein Priesterleben, aber durch die beständig vorherrschende Fürsorge irgendwelcher Ordensfrauen oder anderer dienstbarer Geister so gar nicht auf ein Alltagsleben vorbereiten? – Und hier geht es nicht so sehr um Fähigkeiten: Waschen, bügeln, putzen, einkaufen kann man auch noch problemlos nach dem Seminar lernen oder hat man schon vorher gelernt. Es geht vielmehr um eine Einstellung dazu, um ein Lebensgefühl, das hier vermittelt wird und das sich wie ein Gift ausbreiten und schließlich auch eine Lebenshaltung bewirken kann, die daher kommt wie: Ich bin anders, ich gehöre zu einer „königlichen Priesterschaft" (Exodus 19,6), meine Hände sollen wandeln, aber nicht putzen.

Die meisten Neupriester schaffen es sehr problemlos, nach der Weihe im Kontext einer Gemeinde und eines beruflichen Alltags Fuß zu fassen und ihr Leben auch in den Alltäglichkeiten zu gestalten. Viele Priester atmen sogar nach der Seminarzeit im richtigen Leben erst einmal auf. Viele Menschen sind dann auch da, die den (jungen) Kleriker mit in dieses Leben nehmen. – Wie ist das aber mit jenen, die eh schon anfällig für den inneren wie äußeren Rückzug sind? Sie werden den im Seminar erlernten Graben zwischen sich und den anderen wohl auch nachher pflegen und intensivieren, werden zwischenmenschliche Kontakte umgehen und Beziehungen allein über kirchliche Rollen und Positionen definieren. Das Seminar bietet dazu beste Möglichkeiten, auf eine solche Lebensweise und Einstellung zum Leben recht früh einzuspuren. Solche Kandidaten können nur hoffen, dass sie dabei auf Menschen treffen, die ihnen zeigen, wie Leben geht, statt die Lebenshaltung eines Hochwürdigen Herrn zu unterstützen. Haben sie dieses Glück nicht, werden sie schlussendlich soziale Kontakte ausschließlich in Herrschaftsbeziehungen pflegen – der Ausgangspunkt einer klerikalistischen Priesterpersönlichkeit.

Das lässt sich bereits in der Ausbildung vermeiden. Natürlich werden Seminarleiter und Spirituale mit hoher Intensität darauf verweisen, dass in ihrem Seminar auf solche Entwicklungen geachtet und ihnen entgegengewirkt wird. Wirklich? Wir erinnern uns an die Frösche in ihrem Teich. Seminarleiter, die tatsächlich so agieren, räumen letztendlich mit ihrer eigenen Vergangenheit auf. Das muss man können. Solchen Kirchenverantwortlichen ist hoher Respekt zu zollen, wenn sie es vermögen.

Ein paar Gedanken zur möglichen Neustrukturierung eines Seminarlebens zwecks Klerikalismusverhinderung sollen folgen. Das Dekret „Optatam totius" Nr. 1 hält in aller Deutlichkeit fest, dass Ausbildungsordnungen von Zeit zu Zeit kritisch zu hinterfragen, den örtlichen und zeitlichen Verhältnissen anzupassen und entsprechend zu revidieren sind. Nichts anderes sei hier vorgeschlagen.

13.

Das Seminar trug zu meinen Studienzeiten die alles erklärende Bezeichnung „Kasten". Eine abgeschlossene Welt, die in vorsichtiger Ängstlichkeit hin und wieder fürs reale Leben die Türen öffnete. Daran hat sich zwar heute vielerorts einiges geändert, aber es geht noch besser. Ein paar Fragen dazu: Würde es nicht etwa Sinn machen, den verpackungsmäßigen Charakter eines Seminars einmal aufzulösen und Seminaristen die Möglichkeit zu geben, mit einem ganz normalen Leben in Kontakt zu kommen und ein solches auch zu führen – wie Hunderte ihrer Kommilitoninnen und Kommilitonen auch? Nicht nur als Programmpunkt des Seminarlebens, sondern als ganz alltägliche Gegebenheit? Mit den Worten der jüdischen Philosophin Simone Weil:

> Nicht daran, wie einer von Gott redet, erkenne ich, ob seine Seele durch das Feuer der göttlichen Liebe gegangen ist, sondern daran, wie er von irdischen Dingen spricht.

Aber wenn einer von irdischen Dingen nichts weiß, weil Ordensschwestern und Seminarleiter ihn davon erfolgreich abschirmen und die irdische Wirklichkeit nur in homöopathischen Dosen an ihn heranlassen? Wer sein Leben selbst in die Hand nehmen muss – nicht nur kann –, der wird auch schnell einmal erkennen, wie das viel einfacher geht in einem guten und partnerschaftlichen Umgang mit seiner Umwelt. Wer sich abhängig weiß von Menschen in seiner Nähe, ist viel weniger anfällig für herrschaftliches und missbrauchendes Gedankengut. Wer auf den Kontakt zu seiner Umwelt angewiesen ist, der wird sie pflegen und lieben und nicht beherrschen wollen. Ansonsten steht man recht schnell allein da.

Warum also leben Seminaristen nicht etwa in kleinen Wohngemeinschaften in der Stadt, wo sie studieren? In einem Apartment, bestehend aus den Kommilitonen eines Jahrgangs? Mit Nachbarn und Nachbarinnen, mit denen man auskommen muss? Hier üben sie ein, was ein Priesterleben so ausmacht: beten, feiern, reflektieren, meditieren, essen, kochen waschen, bügeln. Vielleicht kommt der Spiritual von Zeit zu Zeit vorbei und feiert mit ihnen eine Tischmesse. Und hält ein Auge darauf, dass das Alltagsleben der Wohngemeinschaft nicht im Chaos erstickt. Hier treffen sie sich mit Kommilitoninnen und Kommilitonen von der Uni, die sich dann nicht in die oftmals recht abschreckende Atmosphäre eines riesigen Seminarbaus mit seinen ‚heiligen Hallen‘ aufmachen müssen, sondern schlicht am Esstisch von Freunden sitzen. Von Zeit zu Zeit versammeln sich die Kandidaten dann in der Gemeinschaft des Seminars, um hier auch noch seminarspezifische Ausbildungselemente zu erleben. Aber das bleibt die Ausnahme. Der Alltag geschieht in denselben Vollzügen wie jener anderer Studentinnen und Studenten auch. Hier wird zudem die eigene Rolle als zukünftiger Priester definiert. ‚Definieren‘ heißt abgrenzen: Priesteramtskandidaten erleben sich im ganz normalen Alltag auch in Abgrenzung zu Studierenden für andere Berufe, auch für die Berufe der nicht geweihten Theologinnen und Theologen. Durch diesen Kontext bekommt die Frage, warum ich Priester werden will, Hand und Fuß, sie wird erlebbar und sie wird bis zur vollständigen Klärung zur täglichen An-Frage. Das macht demütig suchend und bescheiden und nicht herrschaftsgeil. Für manchen wird der priesterliche Berufungsweg womöglich an dieser Stelle auch schon zu Ende sein, weil er mit den Anforderungen, die das tägliche Leben so an ihn stellt, nicht zurechtkommt. Aber das ist dann auch gut so.

So ein Leben *extra muros* muss nicht gerade vom ersten Semester an stattfinden, aber bald danach. Der Trend, dass vielfach Theologiestudierende sich erst im fortgeschrittenen Studienverlauf im Seminar anmelden, weist schon darauf hin, dass man hier dem Lebensgefühl zukünftiger Priesteramtskandidaten durchaus begegnen würde. Auch die Studierenden des zweiten und dritten Bildungsweges bringen Lebenserfahrungen aus dem Alltag schon mit. Nun ist es Zeit, diesen Schatz zu heben und die sich bietenden Möglichkeiten fruchtbar zu machen zugunsten zukünftiger Priesterpersönlichkeiten, die fähig sind, partnerschaftlich mit ihrem Umfeld umzugehen, und denen jegliche Herrschaftsgelüste abgehen.

Ich weiß: Diese Ideen bedeuten ein Brechen mit 500 Jahre alten Traditionen, aber wir sind ja gerade mal wieder – oder vielleicht auch seit 2000 Jahren: immer noch – in Zeiten des Umbruchs. Darum: warum nicht?

14.

Als Nächstes will ich eine recht alte Idee auffrischen, die auf eine andere Weise deutlich macht, wie ein Priesterleben in partnerschaftlichen Beziehungen mit der Umwelt gelebt werden kann. Bei dem Besuch eines syromalankarischen Priesters und seines Heimatoberen im Bischofshaus zu Abu Dhabi erzählte dieser indische Bischof, er sei früher Professor gewesen und der Priester sei sein ehemaliger Doktorand. Neugierig geworden, fragte ich den Mitbruder, in welchem Gebiet der Theologie er denn promoviert hätte. Bischof und Priester grinsten und der Bischof erklärte, er sei ehemaliger Professor für Wirtschaftswissenschaften an einer kanadischen Universität. Der Kollege war entsprechend promovierter Wirtschaftswissenschaftler und war als solcher auch neben dem Priesterberuf in Indien tätig gewesen. Das erinnerte mich von Ferne wiederum an die Tradition der europäischen Arbeiterpriester des vergangenen Jahrhunderts, die allerdings unter Werktätigen lebten und nicht in akademischen Berufen tätig waren.

Als erster Arbeiterpriester gilt der Dominikanerpater Jacques Loew, der 1941 mit den Hafenarbeitern von Marseille lebte und arbeitete. 1943 entschied die französische Bischofskonferenz mit der Duldung Roms, den nach Deutschland in die Rüstungsindustrie verschleppten Zwangsarbeitern illegal Priester für die Untergrund-Seelsorge hinterherzuschicken.[88] Nach dem Krieg blieb diese Arbeiterpriester-Bewegung in Frankreich zunächst geduldet. Nachdem allerdings die Mitbrüder zunehmend auch in gewerkschaftlich-linken und später in kommunistischen Bewegungen tätig waren, beschloss Rom die Auflösung. Der Vorgänger der heutigen Glaubenskongregation, das ‚Heilige Offizium‘, ließ die Kirche Frankreichs 1959 als theologische Begründung wissen:

Dieses Zeugnis [von der Auferstehung Christi, d. A.] legt er [der Priester, d. A.] vor allem durch das Wort ab und nicht durch die manuelle Arbeit unter Fabrikarbeitern, als ob er einer der Ihren wäre.[89]

Das II. Vatikanum schließlich schaffte wenige Jahre später eine Neubewertung der Verbindung von Priesteramt und Werktätigkeit:

> Trotz ihrer verschiedenen Ämter leisten sie [die Priester, d. A.] für den Menschen den einen priesterlichen Dienst. Alle werden gesandt, an demselben Werk gemeinsam zu arbeiten, ob sie nun ein Pfarramt oder ein überpfarrliches Amt ausüben, ob sie sich der Wissenschaft widmen oder ein Lehramt versehen, ob sie – wo dies bei Gutheißung durch die zuständige Autorität angebracht erscheint – sogar Handarbeit verrichten und damit selbst am Los der Arbeiter teilhaben oder sich anderen apostolischen oder auf das Apostolat ausgerichteten Werken widmen.[90]

Heute versehen Arbeiterpriester ihren Dienst in der Gemeinschaft der Arbeitergeschwister zusammen mit Ordensleuten, Nichtgeweihten sowie auch mit evangelischen Arbeiterpfarrern in verschiedensten Projekten weltweit – hauptsächlich in Frankreich, Deutschland, Schweiz, Österreich, Holland und England.

Was steckt nun in der Idee vom Arbeiterpriester für die Eindämmung von Klerikalismus? Eine Verbindung von Priesteramt und säkularer Tätigkeit hält Möglichkeiten gegen Machtmissbrauch bereit: Wer mit mir am Fließband steht, wer mein Kollege, meine Mitarbeiterin ist, den oder die kann ich nicht beherrschen wollen, jedenfalls nicht so schnell: Unglücksfälle werden sich nie ganz ausschließen lassen. Nun ist vielleicht nicht jeder Priesteramtskandidat als Hafen- oder Fließbandarbeiter geeignet – das ist klar. Ich wäre es jedenfalls nicht. Aber die Idee der Arbeiterpriester bietet sich an, weitergedacht und -entwickelt zu werden. Und die Tatsache, dass viele Priesteramtskandidaten schon aus anderen Berufen oder anderen Studiengängen kommen, drängt die Frage auf, warum dieses Potential, diese Skills, nach dem Eintritt ins Seminar einfach so verpuffen soll. Natürlich gibt es priesterliche Aufgaben, die hundertprozentigen Einsatz erfordern. Wer eine Gemeinde leitet, wird in den seltensten Fällen Zeit und Kraft haben, einer anderen Tätigkeit nachzugehen. Aber Kapläne, Vikare, mitarbeitende Priester, Kategorialseelsorger – all jene Kleriker in der zweiten Reihe einer Gemeinde – können sich so organisieren, dass die Möglichkeit zur Ausübung eines anderen Berufes in Teilzeit gut zu leisten ist. Viele Priester in Lehrtätigkeit machen das schon immer so – ein Überbleibsel aus der Zeit, als der Lehr- und Erziehungsauftrag noch vornehmlich in den Händen der Kirche lag. Warum soll es also nicht möglich sein, auch andere Berufe mit dem Priesterberuf zu kombinieren? Andere Kirchen innerhalb der katholischen Kirche machen vor, dass es geht. Wir hören stets, dass die Kirche zu einer Gehhin-Kirche werden muss, einer Kirche, die die Menschen aufsucht, wo sie sind. Wenn Priester nun auch in anderen Berufen teilzeitlich tätig wären, wenn sie sich – nicht nur nach dem Sonntagsgottesdienst – unters Volk mischten, dann würde sich die Kirche so durch ihre Vertreter in diesen Berufswelten ganz automatisch zu einer Ist-schon-da-Kirche wandeln.

Am Ende – wenn man so eine Idee eines priesterlichen Berufsbilds umsetzt – wird es sicher um die Frage der Organisation gehen, die von Person zu Person anders aussehen muss. Es braucht in der Tat viel Flexibilität. Priesteramtskandidaten und Neupriester können nicht mehr nach immer gleichen Schemata behandelt und eingesetzt werden. Es ist nach Eignung und Neigungen zu fragen. Aber mit den zurückgehenden Kandidatenzahlen ist diese Flexibilität nicht mehr so ein Stressfaktor. Und es wird darauf ankommen, ob kirchliche Obere – angefangen vom Seminarleiter bis zum Bischof – zu einer solchen Neuausrichtung des Priesterberufes, zu einer solchen gleichzeitigen Ausübung von kirchlichem und weltlichem Beruf ermuntern und entsprechend Wege der Ermöglichung bahnen. Noch einmal: Es geht darum, den Priester in der Welt von heute zu verwurzeln und ihm die Möglichkeit zu nehmen – und dies nicht nur seiner eigenen Entscheidung zu überlassen –, sich über alles Weltliche herrschaftlich zu erheben. Jesu Wunsch an den Vater war klar:

> Ich bitte nicht, dass du sie aus der Welt nimmst, sondern dass du sie vor dem Bösen bewahrst (Johannes 17,15).

15.

Mit der Revision der Seminarausbildung und des priesterlichen Berufsbildes sind zwei Möglichkeiten angedeutet, wie Machtstrukturen der Kirche in einer Weise ausgestaltet werden können, dass sie in einen mehr partnerschaftlichen Umgang von Klerikern mit ihrer Umwelt münden. Dies zu erlernen oder zu vermeiden, dass es verlernt wird, kann nicht früh genug beginnen. Nicht, dass bestehende

Strukturen von Ausbildung und Berufsbild zwangsweise zu klerikalistischen Priesterpersönlichkeiten führen. Aber es gibt immer noch zu viele Möglichkeiten, ungehindert Klerikalist zu werden und zu sein und auf viele Weise Machtmissbrauch in der Kirche zu betreiben. Das gilt es nachhaltig zu unterbinden.

Seminare haben ein ähnliches Problem wie Schulen. Die Kirche erhofft von ihnen Wunder, wie Eltern sie von Lehrern und deren Ausbildungsinstitutionen möchten. Fraglos darf man von beiden einiges erwarten, aber eben keine Wunder. Wie eine Schule ein „strohdoofes und verzogenes" Kind seltenst in einen Musterschüler verwandeln kann, gelingt das ebenso mit einem jungen Mann mit schlechtem Hintergrund im Priesterseminar: Wenn er zwar immer als intelligent, fromm, eifrig und lieb auffällt, es aber etwa an sozialen Kompetenzen tiefgründig mangelt, ist die Anfälligkeit für seltsame Persönlichkeitsentwicklungen nicht mehr ganz so fern.

Daher sei nun zum Ende dieses Kapitels voller Lösungen und Scheinlösungen ein Blick auf den Anfang allen Priesterlebens geworfen: auf die Herkunftspfarrei und natürlich auch auf die Familie. Es soll im Folgenden angedeutet werden, was Familie und Pfarrei womöglich leisten können, um junge Männer zu Persönlichkeiten zu formen, die so wenig wie möglich anfällig sind für missbräuchliches Verhalten.

Das Problem hier: Wir erinnern uns noch an die obigen Darstellungen der Generationscluster? Junge Leute der Millennial-Generation sind die nächsten Priesteramtskandidaten, wenn man davon ausgeht, dass sie unmittelbar nach Schulabschluss in ein Seminar eintreten. Die Charakteristika dieser Generation wie vor allem die große Distanz zu jeglichen Institutionen wie auch der Kirche lassen nun aber nicht übermäßig große Erwartungen aufkommen, dass wir viele von ihnen an Orten wie etwa unseren Pfarreien finden werden. Das wiederum lässt nicht viele Chancen erkennen, wenn es um die Rolle der Pfarrei hinsichtlich der Vorbereitung von Berufungen geht. Die folgenden Ausführungen geschehen also ein wenig hoffend wider alle Hoffnung. Aber so ist das, wenn man u-topischen Ideen folgt.

Im Oktober 2018 fand in Rom die Bischofssynode zum Thema ‚Jugend‘ statt. Das Abschlussdokument hält für die Kirche hinsichtlich des Umgangs mit jungen Leuten, die sich auf den Weg von Berufs- und Berufungsklärungen machen, fest:

> Begleitung, um richtige, solide und gut fundierte Entscheidungen treffen zu können, ist daher ein Dienst, der weithin als notwendig erachtet wird. Präsent zu sein und auf dem Weg zu authentischen Entscheidungen unterstützend und begleitend da zu sein ist für die Kirche eine Möglichkeit, ihre mütterliche Rolle auszuüben, indem sie Freiheit für die Kinder Gottes schafft. Dieser Dienst ist nichts anderes als die Fortsetzung der Art und Weise, wie der Gott Jesu Christi gegenüber seinem Volk handelt, nämlich durch beständige und warmherzige Gegenwart, ergebene, liebevolle Nähe und grenzenlose Zärtlichkeit.[91]

Hier wird deutlich: Berufungspastoral ist genauso Begleitungs- und Beziehungsgeschehen wie alle anderen Arten der Pastoral auch. Nun finden Beziehungen aber am besten und nachhaltigsten dort statt, wo der Mensch verwurzelt ist. Citykirchen-Angebote und ähnliche außerpfarrliche Angebote bieten sehr viel Gutes, sind aber letztlich nicht ein ‚Daheim'. Es gibt sicher immer wieder einzelne junge Leute, die hier eine geistliche wie soziale Heimat finden. Letztendlich ermöglichen solche Orte aber immer nur punktuelle Kontakte und eben auch nur eine solche Beziehungspflege. Aber ist denn in der Kirche von heute mehr drin? Vielleicht steht die typische Pfarrei unserer Breitengrade als traditionelle Communio-Institution, welche die Kirchenkonstitution des II. Vatikanums so charakterisiert, auf dem Spiel:

> Die gegenwärtigen Zeitverhältnisse geben dieser Aufgabe der Kirche eine besondere Dringlichkeit, dass nämlich alle Menschen, die heute durch vielfältige soziale, technische und kulturelle Bande enger miteinander verbunden sind, auch die volle Einheit in Christus erlangen.[92]

Aber ist es denn eine Erfahrung von Christinnen und Christen in den Pfarreien der Ortskirchen heutiger Industrienationen, dass sie durch all die vielen Bande enger miteinander verbunden sind? Oder entfernt man sich nicht vielmehr rasant voneinander? Und was meint das dann für unsere Pfarreien und die Priesterpersönlichkeiten, die aus ihnen erwachsen sollen? Hier besteht ein Bedarf an Handlungen, der noch gar nicht recht abgesehen werden kann. Hier gilt dieselbe Weise der Annäherung wie beim Thema ‚Klerikalismus': Keine noch so provokante Frage und kein noch so heikler Gedanke darf zurückgewiesen werden, will die Kirche auf ihrem Weg der Pilgerschaft nicht in Sackgassen laufen. Das II. Vatikanum hat mahnend festgehalten:

Die Kirche wird auf dem Wege ihrer Pilgerschaft von Christus zu dieser dauernden Reform gerufen, deren sie allzeit bedarf, soweit sie menschliche und irdische Einrichtung ist.[93]

16.

Natürlich finden wir vielerorts die traditionelle Ortspfarrei mit ihren verschiedenen Generationen, die aktiv Glauben miteinander leben. Aber im Trend liegt das nicht, zumindest nicht in heutigen Industrienationen. Und das hat dann auch Konsequenzen für zukünftige Priesterpersönlichkeiten. Wie sollen zukünftige Priester communio-fähig sein, wo und wie sollen sie lernen, die Gemeinschaft der Kirche zu leiten und zu gestalten, wenn sie diese Gemeinschaft gar nicht selbst erlebt haben? Im Seminar? – Noch einmal Papst Johannes Paul II.:

Gott ruft seine Priester immer aus einer bestimmten menschlichen und kirchlichen Umgebung, von der sie unweigerlich geprägt werden und in die sie für den Dienst am Evangelium Christi gesandt werden.[94]

Dieses Wort gilt für alle positiven wie auch für alle negativen Voraussetzungen, die Gemeinden bieten. Wenn die Gemeinden Priesterpersönlichkeiten wollen, mit denen sie leben und arbeiten können, dann müssen sie auch was dafür tun.

Das gilt aber nicht nur für die Pfarreien – das gilt noch viel mehr für Familien. Die Familie ist doch die Keimzelle von Kirche, sie gilt als Kirche im Kleinen („ecclesiola"). In ihr beginnt alles, was mit Glaube zu tun hat:

Kraft dieses Erziehungsauftrags sind die Eltern durch ihr Lebenszeugnis die ersten Verkünder des Evangeliums für ihre Kinder. Mehr noch, sie werden, indem sie mit den Kindern beten, mit ihnen das Wort Gottes lesen und sie durch die christliche Initiation in das innerste Geheimnis des – eucharistischen und kirchlichen – Leibes Christi eingliedern, auf vollkommene Weise Eltern, das heißt, Eltern nicht nur des leiblichen Lebens, sondern auch desjenigen, das durch die Erneuerung im Heiligen Geist aus Christi Kreuz und Auferstehung strömt.[95]

In der Familie wachsen auch Berufungen zum priesterlichen Dienst – gute, die im Dienst der Frohen Botschaft stehen, und verkorkste, die sich durch herrschaftliches Ansinnen und missbrauchendes Verhalten auszeichnen. Wer in der Familie nicht nur Frömmigkeit und Leben in der Kirche lernt, sondern auch ein gutes Sozialverhalten und menschliche Stärke, ist allerdings viel weniger gefährdet, in missbrauchendes Verhalten abzurutschen. Natürlich dienen solche Erziehungsziele nicht nur einer zukünftigen Priesterpersönlichkeit, sondern jedem (christlichen) Profil eines Menschen.

4. Nicht das Ende

Wenn man sich in Diskussionen zum derzeitigen Zustand der katholischen Kirche nach all den Machtmissbrauchsfällen umhört, wird immer wieder beschworen, dass die Kirche in einer großen Krise und damit in einer ernsthaften Gefahr steckt. Ich muss ehrlich gestehen, dass ich solch geradezu kulturpessimistischen Haltungen grundsätzlich eher kritisch gegenüberstehe. Ich glaube nicht, dass die Kirche in einer solchen Krise steckt. Und wenn sie in einer solchen Krise stecken sollte, dann schon seit über 2000 Jahren. Dramen kleineren und sehr viel größeren Ausmaßes hat es in der Kirche immer gegeben und es wird sie auch zukünftig geben. Die Kirche ist die Nachfolgegemeinschaft Jesu Christi und als solche nicht nur geführt vom Heiligen Geist, sondern auch heimgesucht von menschlichen Fehlbarkeiten. Das aber ist keine Diagnose mit tödlichem Ausgang – absolut nicht.

Ich glaube hingegen sehr wohl, dass sich die Kirche derzeit an vielen Stellen äußerst kritischen Situationen ausgesetzt erlebt, die es in einem solchen Ausmaß lange nicht mehr gegeben hat. Nun stellt sich die Frage, was man angesichts dessen tun soll. Die vorangegangenen Ausführungen haben hoffentlich der Leserin, dem Leser aufzeigen können, dass ich in Sachen Machtmissbrauch nicht an einfache Lösungen glaube und diesen gegenüber sehr skeptisch bin. Ein paar Dokumente hier, ein paar Empfehlungen dort – nein. Wer einfache Lösungen anwenden will, darf sich nicht wundern, wenn nach einer kurzen Zeit des Abflauens das Problem doch weiter existiert. Oder wahrscheinlich noch schlimmer wird. Das ist so, als ob ein Scharlatan sich an einer bedrohlichen Krankheit zu schaffen machte, die man eigentlich ganz gut heilen könnte.

Und das geht nur noch an der Wurzel allen Übels. Um dahin zu gelangen, muss die Kirche, wie aufgezeigt, Schritte wagen, die sie vielleicht noch nie gewagt hat. Der Jurist Karl August Bettermann hat 1960 – nicht ohne eine gewaltige Portion Satire – jene drei Grundsätze von Verwaltung definiert, die auch als katholische Argumente gegen Veränderung bekannt sind:

1. Das haben wir immer so gemacht. 2. Das haben wir noch nie gemacht. 3. Da könnte ja jeder kommen.[96]

Tatsächlich werden diese Sätze in der Kirche oft nicht satirisch, sondern vielmehr mit großem Ernst gegen jedwede Veränderung angebracht. Und diese Sätze haben Vernichtungspotential, auch wenn man zunächst einmal über sie schmunzeln mag. Und sie haben sogar etwas sehr Irriges an sich, sprechen sie doch gegen die Lehre von der Kirche als einer stets zu reformierenden (ecclesia semper reformanda).

Vor ein paar Monaten erzählte ein Katechet in Abu Dhabi von einem sehr eindrücklichen und nachhaltigen Lebensereignis: Nach einer äußerst schwierigen und demütigenden beruflichen Pleite hatte er sich entschlossen, nicht nach einer schnellen, sondern nach einer nachhaltigen Lösung für seine Lebenssituation zu suchen. Zu diesem Zweck machte er sich allein auf den Pilgerweg nach Santiago de Compostela zum Grab des hl. Jakobus, knapp zehn Kilo Gepäck dabei, mit der notwendigen finanziellen Ausstattung und jeder Menge Offenheit für das, was auf dem Weg so passieren könnte. Einen Monat hatte er eingeplant, nichts erwartet und unter der Führung des Heiligen Geistes all seinem Hoffen freien Lauf gelassen. Als er schließlich sein Ziel erreichte, hatte er nicht nur einen guten neuen Job in der Tasche, der ihm von daheim während der Zeit auf dem Weg angeboten worden war. Vor allem hatte er die Sicherheit gewonnen, in Ruhe und Frieden den Weg seines Lebens mit seinem Gott machen zu können, wenn er nur offen bleibt für das, was sich so anbietet, und flexibel, wo es nötig ist.

Mir und vielen anderen, die sie gehört haben, ist seine Geschichte sehr nahegegangen. Sie macht deutlich, wie ein christliches Leben sein soll, nicht nur in 30 Tagen auf dem Weg nach Santiago de Compostela. Es soll offen sein für das Wirken Gottes und getragen von der Hoffnung, dass, wenn wir die Zeichen und Anzeichen, die sich uns stellen, nur richtig deuten und die richtigen Schlüsse daraus ziehen, wir auf unserem Weg nicht irren können: nicht als Christinnen und Christen, nicht als ganze Gemeinschaft der Kirche.[97]

Die Angst, die in den Bettermann'schen Argumenten gegen Veränderung mitschwingt, ist einerseits ein ganz schlechter Ratgeber und zum anderen eben auch wider die christliche Hoffnung. Im Hochgebet für Messen für besondere Anliegen „Jesus, der Bruder aller" beten wir mit Rückgriff auf die programmatischen ersten Sätze der Pastoralkonstitution des II. Vatikanums:

Erneuere uns nach dem Bild deines Sohnes. Stärke unsere Einheit mit deinem ganzen Volk, mit unserem Papst N. und unserem Bischof N., mit allen Bischöfen, Priestern und Diakonen und mit allen Männern und Frauen, die zu einem Dienst in der Kirche bestellt sind. Lass die Gläubigen die Zeichen der Zeit verstehen und sich mit ganzer Kraft für das Evangelium einsetzen. Mache uns offen für das, was die Menschen bewegt, dass wir ihre Trauer und Angst, ihre Freude und Hoffnung teilen und als treue Zeugen der Frohen Botschaft mit ihnen dir entgegengehen.

Hier wird deutlich: Die Feiern der Mysterien und die Erneuerung der Kirche gehören zusammen. Die Kirche erneuert sich aus der Kraft ihrer Sakramente. Die sakramentale Gegenwart Jesu Christi unter den Gestalten von Brot und Wein ist Stärkung auf dem Pilgerweg der Kirche. Diesen Pilgerweg kann die Kirche nur in der Gemeinschaft mit allen gehen. Den Weg durch diese Zeit weisen die Themen, die für die Kirche anstehen. Es gilt, diese Themen wahrzunehmen, in aller Deutlichkeit zu benennen, zu bearbeiten und guten Lösungen zuzuführen. Klerikalismus und andere Arten des Machtmissbrauchs sind solche Themen. Wer sich der Bearbeitung der Missbrauchsthematik in ihren vielen Facetten verweigert, schadet dem glaubwürdigen Zeugnis der Kirche. Statt Heil Gottes erfahrbar zu machen, wird Unheil in den eigenen Reihen ignoriert oder gar duldend hingenommen. Manchmal kann ich mich des Eindrucks nicht erwehren, dass es noch zu viele Menschen in der Kirche gibt, denen das reichlich egal ist.

wo chiemte mer hi
wenn alli seite
wo chiemte mr hi
und niemer giengti
für einisch z'luege
wohi dass me chiem
we me gieng.

Wo kämen wir hin,
wenn alle sagten,
wo kämen wir hin,
und keiner ginge,
um zu sehen,
wohin wir kämen,
wenn wir gingen.[98]

Kurt Marti (1921–2017)
Schweizer Pfarrer und Schriftsteller

Anmerkungen

(Das Datum nach einer Webadresse bezeichnet den Zeitpunkt des Abrufs.)

1. Mertes, Klaus; Fünf Bemerkungen zum Missbrauchsskandal, in: katholsch.de URL: https://www.katholisch.de/aktuelles/standpunkt/funf-bemerkungen-zum-missbrauchsskandal, 18.06.2019.
2. Sailer, Gudrun; Synode: Kardinal Marx mahnt zu mehr Förderung von Frauen in der Kirche, in: VaticanNews URL: https://www.vaticannews.va/de/vatikan/news/2018–10/synode-jugend-2018-kardinal-marx-frauen-foerderung-kirche.html, 17.06.2019.
3. Vgl. Stewen, Martin; Klerikalismus – Wie das Amen in der Kirche, in: feinschwarz.net – Theologisches Feuilleton URL: https://www.feinschwarz.net/klerikalismus-wie-das-amen-in-der-kirche, 18.06.2019.
4. Scalfari, Eugenio; Interview mit Papst Franziskus, in: La Repubblica (01.10.2013), dt. zit. nach Welt Online URL: https://www.welt.de/politik/ausland/article120650427/Dann-durchdrang-mich-auf-einmal-ein-helles-Licht.html, 02.05.2019.
5. Schulz, Benjamin; Erzbistum München baut Ordinariat für 130 Millionen Euro, in: Spiegel Online URL: https://www.spiegel.de/panorama/muenchner-innenstadt-erzbistum-muenchen-baut-130-millionen-ordinariat-a-930868.html, 02.05.2019.
6. Ring-Eifel, Ludwig; Wichtige Schritte zur Entspannung, in: katholisch.de URL: https://www.katholisch.de/aktuelles/aktuelle-artikel/wichtige-schritte-zur-entspannung, 05.05.2019.
7. Dressing, Harald / Salize, Joachim u.a. (Hrsg.); Sexueller Missbrauch an Minderjährigen durch katholische Priester, Diakone und männliche Ordensangehörige im Bereich der Deutschen Bischofskonferenz, Mannheim/Heidelberg/Giessen 2018 (MHG-Studie), S. 307.
8. Benedikt XVI., Benedikt im Wortlaut: Die Kirche und der Skandal des sexuellen Missbrauchs, in: CNA.Deutsch URL: https://de.catholicnewsagency.com/story/die-kirche-und-der-skandal-des-sexuellen-missbrauchs-von-papst-benedikt-xvi-4498, 12.05.2019.

9. Ebd.

10. Striet, Magnus; Die Gesellschaft ist nicht schuld an der Miss-brauchskrise!, in: katholisch.de URL: https://www.katholisch.de/aktuelles/aktuelle-artikel/die-gesellschaft-ist-nicht-schuld-an-der-missbrauchskrise, 12.05.2019.

11. Jansen, Thomas; Was ist Klerikalismus?, in: katholisch.de URL: http://www.katholisch.de/aktuelles/aktuelle-artikel/was-ist-kle-rikalismus, 13.05.2019.

12. Mertes, Klaus; Krankheitsbild Klerikalismus, in: theo. Katho-lisches Magazin (4/2018) URL: http://www.theo-magazin.de/2018/09/26/krankheitsbild-klerikalismus, 13.05.2019.

13. Vatikanum II, Pastoralkonstitution „Gaudium et Spes" (GS) über die Kirche in der Welt von heute, Nr. 60.

14. Vgl. Flückiger, Paul; In Polen werden immer noch Plätze und Strassen nach Johannes Paul II. benannt. Doch der Machtzerfall der Kirche lässt sich damit nicht aufhalten, Neue Zürcher Zeitung (31.05.2019).

15. Burke, Greg; Pressekonferenz mit dem Heiligen Vater auf dem Rückflug von Fatima, in: Vatikan Website URL: https://w2.va-tican.va/content/francesco/de/speeches/2017/may/documents/papa-francesco_20170513_voloritorno-fatima.html, 12.06.2019.

16. Vatikanum II, Dogmatische Konstitution über die Kirche „Lu-men Gentium" (LG), Nr. 10.

17. Vgl. Petersen, Thomas; „Der lange Abschied vom Christentum", in: Frankfurter Allgemeine Zeitung (295/2017), S. 10.

18. Benedikt XVI., Nachsynodales Apostolisches Schreiben „Verbum Domini" über das Wort Gottes in Leben und Sendung der Kirche, Vatikan 30.09.2010, Nr. 14.

19. Vgl. Howe, Neil / Strauss, William; Generations: The History of America's Future, 1584 to 2069; New York 1992.

20. Vgl. Dimock, Michael; Defining generations: Where Millennials end and Generation Z begins, in: Pew Research Center URL: https://www.pewresearch.org/fact-tank/2019/01/17/where-millennials-end-and- generation-z-begins, 01.05.2019: „Anyone born between 1981 and 1996 (ages 23 to 38 in 2019) is considered a Millennial, and anyone born from 1997 onward is part of a new generation."

21. Vgl. ebd.

22. Vgl. ebd.

23. Global coordination group of the youth-led climate strike, Climate crisis and a betrayed generation, in: The Guardian (01.03.2019):

„We demand the world's decision-makers take responsibility and solve this crisis. You have failed us in the past. If you continue failing us in the future, we, the young people, will make change happen by ourselves. The youth of this world has started to move and we will not rest again."

24. Hutter, Kletus; Respekt!, in: Schweizer Kapuziner URL: https://www.kapuziner.ch/blog/respekt, 29.05.2019.

25. Vgl. Petersen, Thomas; Der lange Abschied vom Christentum, in: Frankfurter Allgemeine Zeitung (295/2017), S. 10.

26. http://www.adoray.ch/ueber-uns, 28.04.2019.

27. Vgl. Dimock, ebd.

28. Hilger, Georg; Wahrnehmen und gestalten: Ästhetisches Lernen, in: Münchener Theologische Zeitschrift (51/2000), S. 201–210, 202.

29. Vgl. ebd.

30. Ebd.

31. Villiger, Kaspar; Worauf es uns Menschen wirklich ankommt: Die westliche Kultur hat ein Triple A verdient; in: Neue Zürcher Zeitung (16. Mai 2019).

32. Pestausbrüche gibt es immer noch etwa auf Madagaskar (vgl. o.V.; Zahl der Pesttoten steigt auf über 100, in: Spiegel Online URL: https://www.spiegel.de/gesundheit/diagnose/madagaskar-zahl-der-pesttoten-steigt-auf-mehr-als-100-a-1174203.html, 01.05.2019), Leprastationen finden sich zum Beispiel in Ägypten (vgl. Petrin, Susanne; Sie sind krank, entstellt und geächtet: Ein Besuch in Ägyptens Kolonie von Leprakranken, in: Neue Zürcher Zeitung Online URL: https://www.nzz.ch/wochenende/schwerpunkt/leben-mit-lepra-die-stigmatisierten-von-abu-zaabal-ld.1482604?reduced=true, 01.05.2019).

33. Franziskus, An das Volk Gottes, Vatikan 20.08.2018, in: Vatikan Website URL: http://w2.vatican.va/content/francesco/de/letters/2018/documents/papa-francesco_20180820_lettera-popolo-didio.html, 03.05.2019.

34. Vgl. Frank, Joachim; Interview zu Missbrauchsfällen. „Der Missbrauch von Macht steckt in der DNA der Kirche", Kölner Stadtanzeiger (13.12.2018).

35. Vgl. Öhler, Andreas; Der Teufel war's, in: Zeit Online URL: https://www.zeit.de/politik/ausland/2019–02/missbrauchgipfel-abschlussrede-kommentar, 05.05.2019.

36. Stiegemann, Cornelius; Französischer Kardinal Barbarin verurteilt,

in: katholisch.de URL: https://www.katholisch.de/aktuelles/aktuel-le-artikel/franzosischer-kardinal-barbarin-verurteilt, 16.06.2019.

37. Vgl. The Editors; Why is the Vatican's process for holding bishops accountable still so opaque?, in: America Online URL: https://www.americamagazine.org/faith/2019/03/21/why-vaticans-pro-cess-holding-bishops-accountable-still-so-opaque, 20.06.2019.

38. Franziskus; Apostolisches Schreiben „Vos estis lux mundi", Vatikan 07.05.2019.

39. Vgl. Gupta, Swati / Pratim, Subhrangshu; Nuns who protested Indian bishop accused of rape say church trying to silence them, in: CNN Online URL: https://edition.cnn.com/2019/01/29/asia/india-nuns-kerala-intl/index.htm, 19.06.2019.

40. Vgl. Gupta, Swati; Six years after Delhi bus attack, India rape crisis shows no sign of slowing, in: CNN Online URL: https://edition.cnn.com/2018/12/22/asia/india-rape-crisis-delhi-intl/index.html, 19.06.2019.

41. Zimmermann, Steffen; Ackermann und Wilmer kritisieren Machtmissbrauch in Kirche, in: katholisch.de URL: https://www.katholisch.de/aktuelles/aktuelle-artikel/ackermann-und-wilmer-kritisieren-machtmissbrauch-in-kirche, 20.06.2019.

42. Vatikanum II, Dekret „Apostolicam Actuositatem" (AA), Nr. 10.

43. Vgl. Karrer, Leo; Die Stunde der Laien, Freiburg/Br. u. a. 1999.

44. Die Beteiligung der Laien an der Verkündigung, Nr. 3, in: Bertsch, Ludwig / Boonen, Philipp / Hammerschmidt, Rudolf / Homeyer, Josef / Kronenberg, Friedrich / Lehmann, Karl (Hrsg.); Gemeinsame Synode der Bistümer in der Bundesrepublik Deutschland. Beschlüsse der Vollversammlung. Neuausgabe der Gesamtausgabe, Freiburg/Br. u.a. 2012.

45. Schweizer Bischofskonferenz, Pastoralschreiben Nr. 12: Beauf-tragte Laien im kirchlichen Dienst, Fribourg 2005, S. 24. Im November 2015 hat die SBK in einem Hirtenbrief den Dienst der Homilie während der Messe wiederum auf den Dienst des Priesters fixiert, derweil in den Bistümern St. Gallen und Basel sowie in verschiedenen anderen Schweizer Kirchenteilen an der Regelung des Pastoralschreibens von 2005 festgehalten wird.

46. Vgl. Teobaldi, Alfred; Katholiken im Kanton Zürich, Zürich 1978.

47. Vgl. Grichting, Martin; Kirche oder Kirchenwesen? Zur Proble-matik des Verhältnisses von Kirche und Staat in der Schweiz, dar-gestellt am Beispiel des Kantons Zürich, Freiburg/Ue. 1997.

48. Vgl. Rheinberg, Falko; Motivation, Stuttgart 2002.

49. Vgl. Odendahl, Björn; Paderborner Regens: Homosexualität kein Weihehindernis, in: katholisch.de URL: https://www.katholisch.de/aktuelles/aktuelle-artikel/erzbistum-paderborn-homosexuel-le-durfen-offiziell-priester-werden, 29.05.2019.

50. Vatikanum II, Konstitution „Sacrosanctum Concilium" (SC) über die Heilige Liturgie, Nr. 10.

51. Vatikanum II, Dekret „Presbyterorum Ordinis" (PO) über den Dienst und das Leben der Priester, Nr. 1.

52. Vatikanum II, Dekret „Optatam totius" (OT) über die Ausbildung der Priester, Nr. 10.

53. Johannes Paul II.; Nachsynodales Apostolisches Schreiben „Pastores Dabo Vobis" (PDV) über die Priesterausbildung im Kontext der Gegenwart, Vatikan 25.03.1992, Nr. 39.

54. PO Nr. 9.

55. Ebd.

56. Greshake, Gisbert; Priestersein, Freiburg u. a. 1982; S. 57.

57. Kellner, Bernhard; Leitende Ministerialrätin Stephanie Herrmann wird Amtschefin im Ordinariat, in: Erzdiözese München und Freising online URL: https://www.erzbistum-muenchen.de/news/bistum/Leitende-Ministerialraetin-Stephanie-Herrmann-wird-Amtschefin-im-Ordinariat-35223.news, 01.10.2019.

58. Scalfari, ebd.

59. O.V.; Neue Studie: Missbrauchsvorwürfe gegen Priester nicht rückläufig, in: katholisch.de URL: https://www.katholisch.de/aktuelles/aktuelle-artikel/neue-studie-missbrauchsvorwurfe-gegen-priester-nicht-rucklaufi, 03.07.2019.

60. Johannes Paul II.; Apostolisches Schreiben „Ordinatio Sacerdotalis" (OS) über die nur Männern vorbehaltene Priesterweihe, Vatikan 22.05.1994, Nr. 1,4.

61. Burke, Greg; Pressekonferenz mit dem Heiligen Vater auf dem Rückflug von Schweden, in: Vatikan Website URL: http://w2.vatican.va/content/francesco/de/speeches/2016/november/documents/papa-francesco_20161101_svezia-conferenza-stampa.html, 24.06.2019.

62. Stam, Silvia; Bevor die Frauen die Kirche boykottierten, hat die Kirche die Frauen boykottiert, in: kath.ch URL: https://www.kath.ch/newsd/bevor-die-frauen-die-kirche-boykottierten-hat-die-kirche-die-frauen-boykottiert/, 24.06.2019.

63. Kötter, Elisabeth; Offener Brief aus Anlass des Sondergipfels zum Thema der sexualisierten Gewalt in der Kirche, in: Maria

2.0 URL: https://weact.campact.de/petitions/offener-brief-an-papst-franziskus-aus-anlass-des-sondergipfels-uber-missbrauch-in-der-kirche, 24.06.2019.

64. Sevinç Basad, Judith; Feministische Männer: die hippen Heiligen, in: Neue Zürcher Zeitung (10.05.2019).

65. Vgl. Dispenza, Mary; Abuse by Women Religious (nuns and sisters), in: Survivors Network of those Abused by Priests URL: http://www.snapnetwork.org/nun_abuse, 25.06.2019.

66. Vgl. Donohue, Bill; SNAP continues to lie, in: Catholic League URL: https://www.catholicleague.org/snap-continues-to-lie-2, 25.06.2019.

67. Vgl. o.V.; „The secret not yet told": Women describe alleged abuse by nuns, in: CBS News URL: https://www.cbsnews.com/news/women-describe-alleged-abuse-by-nuns-the-secret-not-yet-told, 28.06.2019.

68. Vgl. Dispenza, ebd.

69. Synod of Bishops, Amazonia: New Ways for the Church and for a Holistic Ecology. Final Document (Unofficial Working Translation), Vatikan 26.10.2019, Nr. 111.

70. Bachner, Frank; Das Ende des Zölibats scheint möglich, in: Tagesspiegel (04.02.2019).

71. Vgl. Pascher, Dorina; Kommt das Ende des Zölibats schon 2019?, in: Augsburger Allgemeine (18.10.2018).

72. Katholische Nachrichtenagentur, Kardinal Marx: Zölibatspflicht wird nicht abgeschafft, in: katholisch.de URL: https://www.katholisch.de/artikel/23418-kardinal-marx-zoelibatspflicht-wird-nicht-abgeschafft, 30.10.2019.

73. O.V.; Der Synodale Weg, in: Deutsche Bischofskonferenz URL: https://dbk.de/themen/der-synodale-weg, 30.0.6.2019.

74. Ebd.

75. Franziskus; An das pilgernde Volk Gottes in Deutschland, Vatikan 29.06.2019.

76. Ders.; Apostolisches Schreiben „Evangelii Gaudium" (EG) über die Verkündigung des Evangeliums in der Welt von heute, Vatikan 24.11.2013, Nr. 228.

77. Mehr dazu: Oeldemann, Johannes; Die Kirchen des christlichen Ostens, Regensburg 2016.

78. Kongregation für die Glaubenslehre; Ergänzungen zur Apostolischen Konstitution „Anglicanorum Coetibus", Vatikan 4.11.2009.

79. Vgl. ebd. Art. 11.

80. PD Nr. 36.

81. Leimgruber, Stephan; Wer sind die angehenden Priester des Bistums?, in: Bistum Basel URL: http://www.bistum-basel.ch/Berufung-Bildung-Weihen/Wer-sind-die-angehenden-Priester-des-Bistums.html, 8.7.2019.

82. Vgl. Statistik „Neuaufnahmen Priesterkandidaten", in: Zentrum für Berufungspastoral URL: http://www.berufung.org/fileadmin/assets/pdf/statistik_2016.pdf, 11.08.2017.

83. OT Nr. 1.

84. OT Nr. 5.

85. OT Nr. 4

86. Schneider, Gerhard; Auslaufmodell Priesterseminar?, Neue Konzepte für eine alte Institution, Freiburg u. a. 2016, S. 132.

87. Ebd. S. 179.

88. Vgl. Knauft, Wolfgang; Zwischen Fabriken, Kapellen und KZ. Französische Untergrundseelsorge in Berlin 1943–1945, Heiligenstadt 2005.

89. Strassner, Veit; Geschichte der Arbeiterpriester, in: Arbeitergeschwister URL: https://arbeitergeschwister.wordpress.com/intern/intern-werkstatt/veit-strassner-arbeiterpriester-gesichte, 16.08.2019.

90. PO Nr. 8.

91. Bischofssynode (XV. Ordentliche Generalversammlung), Die Jugendlichen, der Glaube und die Berufungsunterscheidung. Abschlussdokument, Nr. 91, in: Deutsche Bischofskonferenz URL https://www.dbk.de/fileadmin/redaktion/diverse_downloads/presse_2018/Abschlussdokument-Jugendsynode-2018.pdf, 20.08.2019.

92. LG Nr. 1.

93. Vatikanum II, Dekret „Unitatis Redintegratio" (UR) über den Ökumenismus, Nr. 6.

94. PD Nr. 5.

95. Johannes Paul II.; Apostolisches Schreiben „Familiaris Consortio" (FC) über die Aufgaben der christlichen Familie in der Welt von heute, Vatikan 22.11.1981, Nr. 39.

96. Bettermann, Karl August; Kolumne ‚Berufliches', in: Spiegel (3/1960) URL: https://www.spiegel.de/spiegel/print/d-43063017.html, 26.08.2019.

97. Vgl. LG 12.

98. Marti, Kurt; sämtlechi gedicht ir bärner mgangsschprach © 2018 Nagel & Kimche in der Medien Verlags GmbH, Haar.

Unverschämt
katholisch sein

Ein leidenschaftliches Plädoyer für das, was Kirche
sein könnte, was Kirche ist: Gemeinschaft derer, die
nicht argwöhnisch alles beäugen, was nach Lust
riecht, nach „Lust auf Gott", nach Leichtigkeit, nach
Freude. Sondern die leidenschaftlich an der Seite
aller Liebenden, an der Seite aller Leidenden, an
der Seite aller Menschen stehen, indem
sie „ins Leben helfen".

„Ich möchte endlich unverschämt katholisch sein, stolz
darauf, zu einer Kirche zu gehören, die sich nichts
und niemandem verschließt; die offen ist für jede und jeden,
die nicht verurteilt, ausgrenzt, ausschließt."

Bernd Mönkebüscher
Unverschämt katholisch sein
Anstiftungen

128 Seiten. Broschur
ISBN 978-3-429-05413-7
3. Auflage 2020

Das Buch erhalten Sie in
Ihrer Buchhandlung.

Keine Ausflüchte mehr!

Damit die katholische Kirche auch in Zukunft noch Menschen wird ansprechen können, fordert Hermann Wohlgschaft eine radikale Neuausrichtung.

In 12 Thesen plädiert er u.a. für eine neu verantwortete Gottesrede, eine Weiterentwicklung der Reformimpulse des Zweiten Vatikanums, eine neue Formulierung der „Glaubenssätze", eine offenere Sexualmoral, deutlich mehr Demokratie in der Kirche und veränderte Zulassungsbedingungen zum Weiheamt.

Konkrete Forderungen wie etwa „Gewaltenteilung" werden eingebunden in ein Gesamtkonzept notwendiger Reformen.

Hermann Wohlgschaft
Keine Ausflüchte mehr!
Gedanken zur notwendigen Kirchenreform

192 Seiten. Broschur
ISBN 978-3-429-05408-3

Das Buch erhalten Sie in Ihrer Buchhandlung.

echter verlag
www.echter.de